■ 2022年省哲社规划办资助　项目号：22HQZZ14YB

浙江省哲学社会科学规划
后期资助课题成果文库

幼儿园高质量运动环境创设

张　莹　等著

ZHEJIANG UNIVERSITY PRESS
浙江大学出版社
·杭州·

图书在版编目（CIP）数据

幼儿园高质量运动环境创设 / 张莹等著. -- 杭州 ：
浙江大学出版社，2023.6
　　ISBN 978-7-308-23894-6

　　Ⅰ．①幼…　Ⅱ．①张…　Ⅲ．①学前教育－教学参考资
料　Ⅳ．①G613

　　中国国家版本馆CIP数据核字(2023)第105344号

幼儿园高质量运动环境创设

张　莹　等　著

策划编辑	吴伟伟
责任编辑	宁　檬
责任校对	陈逸行
封面设计	周　灵
出版发行	浙江大学出版社
	（杭州市天目山路148号　　邮政编码　310007）
	（网址：http://www.zjupress.com）
排　　版	杭州林智广告有限公司
印　　刷	杭州钱江彩色印务有限公司
开　　本	710mm×1000mm　1/16
印　　张	16
字　　数	245千
版 印 次	2023年6月第1版　2023年6月第1次印刷
书　　号	ISBN 978-7-308-23894-6
定　　价	78.00元

序

2021 年 11 月 11 日，中国共产党第十九届中央委员会第六次全体会议通过的《中共中央关于党的百年奋斗重大成就和历史经验的决议》做出了坚持以高质量发展为主题的决策，我国经济发展由高速增长阶段转向高质量发展阶段。2022 年 3 月 25 日，教育部发布了《义务教育课程方案》，在《义务教育体育与健康课程标准》中明确提出"创设生动形象的情境开展游戏化教学"，为幼儿园高质量运动环境创设指明了方向，对学前教育的环境创设提出了更高要求。在这个背景下，本书作者经过多年潜心研究完成的《幼儿园高质量运动环境创设》一书，顺应时代发展的要求，值得推荐。

本书作者长期深入幼儿园一线，零距离观察幼儿体育教育和实践活动，积极开展幼儿体育教育理论研究，是一位幼儿体育教育理论底蕴深厚、实战经验丰富的幼儿体育科研工作者。她曾先后赴美国和日本九所幼儿园进行考察、调研和学习，有较为开阔的国际视野。近年，她在国内100 多所幼儿园进行调研、讲学、考察，与它们建立了广泛的合作关系；她亦先后与 10 多家幼儿体育相关企业建立了良好的合作关系，合作成果取得了较好的社会效益和经济效益，得到了幼儿体育领域的高度关注。

本书是作者主持的浙江省哲学社会科学基金后期资助项目"幼儿园高质量运动环境创设"的重要补充。该书涵盖了幼儿高质量运动环境的内涵和构成要素、运动环境特征与功能、运动环境创设方法、整体运动环境创设案例、特色运动项目环境创设案例、运动项目课程环境创设、运动特色器材环境创设和幼儿园情境性运动环境创设等内容，对幼儿园高质量运动环境创设进行了较为全面系统的分析、阐述和总结，具有内容丰富、创新性突出、可操作性强、应用价值高的特点。本书创造性地提出了"一场四性六式"的关系场理论，阐述了师幼关系、幼幼关系、人与物关系、物与物关系和因果联系。幼儿园高质量的运动环境不仅是一个物质的关系场，而且还是一个所有人、物、事起着积极作用的综合性的空间关系场，研究、利用好这个关系场，对幼儿教育有积极的促进作用；健康性、教育性、游戏性、文化性"四性融合"是在这个关系场实施教育的意义所在，且还需要满足幼儿运动学习与发展需求的生活式、开放式、邀请式、经验式、对话式、反馈式"六式环境"，从而更好地发挥和展示出健康、导向、激励、陶冶、凝聚、审美这六大功能。此外，本书提出了功能性水平、表现性水平、社交性水平三个水平加综合运动区的"3+1"创设方法，为学习者、实施者提供了合理、可行的高质量运动环境创设方法，更具实用价值。案例分析部分的内容，则是一名多年深入幼儿园一线的幼儿体育科研工作者理论和实践紧密结合的结晶。

该书的出版丰富了我国幼儿体育理论成果，将为高质量的幼儿园体育环境建设提供科学的、可操作性的指导，具有很高的理论和实用价值。我相信广大的幼儿体育工作者一定会喜欢它！

王凯珍

首都体育学院原副校长

全国体育运动学校联合会幼儿体育分会会长

国家体育总局幼儿亲子体育高级别专家

2023 年 4 月 9 日

前　言

　　蒙台梭利认为，教育体系最根本的特征是对环境的强调，在新的教育体系中，除了教师和幼儿发生关系外，教师和幼儿都要和环境发生关系。虽然幼儿心理的发展是受其内在本能引导的，但外部环境为幼儿心理的发展提供了必要的媒介。只有给幼儿准备一个适宜的环境，才能开创教育的新纪元。环境是幼儿的第三位老师，想改变一个人，必先改变他的环境；环境改变了，他自然也就跟着改变。在一个良好的环境中，幼儿能更积极主动地进行多种运动。正确评估现有幼儿运动环境，探究科学的、符合幼儿身心发展需求的运动环境是促进健康中国建设的重要基础，也是当今幼儿园的发展趋势。

　　环境是有灵魂的，可以表达创设者的基本观点与理念，每一处环境的呈现都蕴含着深刻的教育理念。作为环境的创设者，必须理解幼儿园体育教育高质量发展离不开高质量运动环境创设。当前幼儿园运动环境创设存在什么问题，国外幼儿园运动环境创设有什么特点，什么是幼儿园高质量运动环境，幼儿园运动环境与其他领域如何融合，什么样的运动环境能引发幼儿中高强度体力活动，什么样的运动环境能培养幼儿勇敢、坚毅的性格，什么样的运动环境能促进幼儿的沟通交流与合作，运动环境中的安全如何保障等，这一系列问题都值得我们深入研究。

　　本书试图厘清我国幼儿园高质量运动环境的价值、任务及其创设的基本原则与方法，在理论和实践两个层面上确定幼儿园高质量运动环境的目标指向，构建幼儿园高质量运动环境研究的基本框架。在理论层面，围绕幼儿园高质量运动环境的基本问题展开比较深入的讨论。对于幼儿园高质量运动环境的内涵、基本特征、功能、构成要素、创设原则、创设方法、安全管理等方面进行了较为系统的分析和探讨，阐明了幼儿园高质量体育活动以环境为基本条件的教育原理。在实践层面，针对长期以来在幼儿园运动环境实践中存在的场地设计、器材选取、评价指向等问题，提出了HEPC融合理论下的幼儿园高质量运动环境创设模式，以期为幼儿园实现"环境是幼儿的第三位老师"的目标提供新的思路和实践路径。

基于上述基本问题，本书分十章分别从不同方面探讨了幼儿园高质量运动环境的创设问题。

第一章为我国幼儿园常见运动环境创设误区。本章主要从当前幼儿园运动环境存在的问题、运动环境缺失的内在机制两个方面阐述了当前我国幼儿园常见的运动环境创设误区，为高质量运动环境创设研究提供了动力。

第二章为日、德、美三国幼儿园运动环境创设。本章分别从运动环境形态、运动设施材质、环境色彩、环境功能等方面分析了日、德、美等发达国家幼儿园运动环境创设的教育理念和环境创设特点，以期为我国幼儿园高质量运动环境创设提供一些参考与借鉴。

第三章为幼儿园运动环境创设理论。本章分别从教育学、环境行为学等方面提出了相关理论，为幼儿园高质量运动环境创设提供了理论基础与方向。

第四章为基于HEPC融合理论的幼儿园高质量运动环境概述。首先，本章从健康性、教育性、游戏性、文化性等方面厘清了幼儿园高质量运动环境的内涵；其次，梳理了由健康性、教育性、游戏性、文化性等特性所构成的HEPC融合理论在幼儿园高质量运动环境中的具体呈现方式，并进一步阐述了该理论指导下的幼儿园高质量运动环境的功能和创设目的。

第五章为幼儿园高质量运动环境的构成要素。本章分别从"幼儿立场"的空间布局、运动设施的选取、地形地貌的应用以及相关色彩搭配等方面进行了阐述，为高质量运动环境的构建提供了理论参考。

第六章为幼儿园高质量运动环境的创设。本章立足于幼儿户外运动环境偏好，提出了幼儿运动环境的偏好，并根据幼儿动作发展的不同水平，提出了功能性水平运动区域、表现性水平运动区域、社交性水平运动区域和综合运动区域的设计方法，为幼儿园全方位的运动环境创设提供了操作途径与方法。

第七章为与其他领域融合的幼儿园高质量运动环境。本章主要阐述了语言、社会、科学、艺术等多个领域与运动环境高质量融合的路径与方法，通过大量具体案例，展现与不同领域融合的运动环境。

第八章为促进幼儿中高强度体力活动的运动环境。本章主要从影响幼儿体力活动水平的自然因素和社会环境因素等方面进行分析，指出了活动场所、活动类型、活动器材等方面的创设特点，提出了促进幼儿中高强度体力活动的开放空间、球类器材、固定器材、带轮器材、角色游戏、便携式器材等环境构成要素。

第九章为幼儿园高质量运动环境中的安全管理。本章主要说明了幼儿园运动环境创设中安全的重要意义，重点阐述了幼儿园室内外运动环境中常见的安全隐患及安全防护方法。

第十章为幼儿园高质量运动环境案例。本章一共提供了室内外运动环境创设、本土资源运动环境创设，以及融入红色教育的运动环境创设等十个具有典型特点的幼儿园高质量运动环境案例，可为各类幼儿园创设相关运动环境提供参考与借鉴。

本书编写人员与参编章节分别为：第一章、第三章、第四章、第五章、第八章、第十章，浙江师范大学张莹；第二章，浙江师范大学张莹、黄璐璐、陈若阳；第六章，浙江师范大学张健忠、杭州市蓓蕾幼儿园张春峰、杭州市东新实验幼托园曹凤梅、温州市第四幼儿园金晓群；第七章，浙江师范大学张莹、浙江师范大学附属幼儿园朱瑶；第九章，浙江师范大学李成、宁波市东部新城中心幼儿园史纳玺、滨江区月亮湾幼儿园华萍、浙江省军区汪庄幼儿园王英英和郭丽璟。云谷幼儿园、浙江省军区汪庄幼儿园、杭州市舟山路学前教育集团、永昌镇中心幼儿园、利津县第二实验幼儿园、宁海县（闻裕顺）实验幼儿园、萧山区城厢幼儿园潇湘分园、萧山区市心幼儿园、萧山区河上镇中心幼儿园、萧山区所前镇中心幼儿园等10所幼儿园相关人员参与编写了第十章，其中，萧山区幼儿园的案例由萧山区教育发展研究中心陈碧霄组织编写。另外，杭州市西湖区小和山幼儿园提供了投掷区的相关案例。最后，张莹、陈碧霄，以及研究生黄璐璐、陈若阳、贺潇锦等负责统稿。对各位付出的辛勤劳动表示诚挚的谢意。

张莹

2023 年 3 月 3 日于杭州

目　录

第一章　我国幼儿园常见运动环境创设误区

基于"幼儿学习在前，教师教学置后"的教育理念，环境在激发、引导、支持和深化幼儿学习的过程中起到了重要作用。幼儿园运动环境的创设成为传达幼儿园教育理念、教师教育意图，达成教育目标的关键路径。当前幼儿园在运动环境创设方面，虽然积累了一些有益的经验，但是也存在着诸多误区。找到问题，反思原因，寻找解决对策，是推进我国幼儿园运动环境与运动课程建设的必然要求。

第一节　幼儿园运动环境存在的问题

一、幼儿园运动环境中的场地设计问题

（一）重模仿，轻文化

作为幼儿园教育的重要组成部分，运动环境体现了幼儿园的文化属性。幼儿园运动教育理念、运动教育特色，通过其文化渗透力、影响力、辐射力，对幼儿园里的各类人群产生诸多影响。但现今，很多幼儿园只是简单模仿其他幼儿园，在区域设置、器材投放方面模仿、照搬，未能领悟其设计原理和内涵，未能遵循相关理论，不关注是否符合本园实际情况、是否满足本园幼儿实际需求，导致幼儿园缺失环境创设的特色。

（二）重观赏，轻教育

部分幼儿园运动环境过于注重艺术表现形式，小桥、流水、沙土、灌木丛、草地等随意设置。山坡上的碎石，使得幼儿不能肆意奔跑，多彩的跑道容易让幼儿产生眩晕感，转角的攀爬架一直都无人问津，这一切都成

了摆设和装饰，忽视了现有环境中的教育价值。

（三）重规划，轻留白

具有游戏性的运动环境最根本的特征在于能够给予在该环境中运动的幼儿高度自主感。户外环境是幼儿最喜欢的空间，但是为了实现既定的运动目标，便于管理，教师用成人的逻辑规划了户外运动区域的类型与空间，并且只在规定的区域投放相应的运动器材，使得运动区域设计结构化，运动器材投放定点化。环境都是由教师掌控，盲目追求户外空间利用最大化，一味以器材填充，区域设置流于形式。虽然幼儿拥有了玩法自主和玩伴自主的权利，但是对于空间、时间、器材的自主掌控还难以落实，运动环境的创设没有给幼儿想象的空间，没有真正从幼儿兴趣出发。

（四）重平面，轻立体

不少幼儿园只重视平面环境创设，如遮挡、透视、起伏等设计，仅关注到幼儿跑、跳、走等下肢动作发展，忽视了立体空间的应用，忽视上肢、腰腹等动作发展，导致幼儿悬吊、攀、爬、引体向上等动作的发展较为滞后。立体空间，以其较强的神秘感，能彻底激发幼儿的好奇心，探索、冒险的欲望，使得幼儿拥有更多的体验感。

二、幼儿园运动环境中的器材选取问题

（一）重兴趣，轻技能

《幼儿园教育指导纲要（试行）》里提出"评议幼儿对体育活动的兴趣是幼儿园体育的重要目标，要根据幼儿的特点组织生动有趣、形式多样的体育活动，吸引幼儿主动参与"。因此，很多幼儿园在选择固定器材时，首先考虑的是能否激发幼儿的兴趣，好看、好玩、造型多样的滑梯和木屋成为大型固定器材的首选。而固定器材最应该具有的发展幼儿钻、爬、攀、跳、荡等多种运动技能的功能却被忽视。

（二）重功能，轻适宜

很多重视发展幼儿上肢力量、腰腹力量和动作技能的幼儿园，选取了单杠、双杠、吊环，以及攀爬架，但是它们通常较高，短杆之间的距离较远，幼儿依靠自己的力量很难上去；攀爬墙上的岩点过小，且光滑，幼儿不能依靠岩点进行攀爬；跳箱太矮，起不到支撑跳跃的作用。这一切都是由于忽视了幼儿人体工程学原理。

（三）重购买，轻自制

在幼儿园各类等级评比中，都有明确的场地和器材种类要求，但是对于是否有效应用幼儿园场地和器材的评价却严重缺失。从经济性方面来看，这种评价指向导致幼儿园不断修改运动场地，购买多种运动器材，却忽视了对现有场地和器材的灵活使用。

（四）重自主，轻传授

幼儿园常见的一些器材，如单杠、双杠等，即使摆放在显眼处，也很少有幼儿使用。究其原因，就在于幼儿不知道如何使用。幼儿无法简单地通过非指导性的游戏来学习基础性的身体技能，对于单杠、双杠、跳山羊、前滚翻、跳绳、拍球等具有一定技能要求的活动，幼儿需要通过成人多种方式的传授才能掌握。游戏可以为幼儿提供在不同环境下练习运动技能的机会，然而，要想最大限度地丰富幼儿的运动体验，还需要一些结构化的体育活动。

三、幼儿园运动环境中的评价指向问题

（一）重活动后评价，轻活动中评价

对幼儿运动中的行为进行评价，已经成为幼儿园体育活动开展的常态。由于幼儿的记忆特点是以短时记忆为主，活动后评价虽在助推幼儿深度学习方面具有一定的成效，但具有滞后性，仍然难以真正激发幼儿的共鸣。评价是一种反馈，是一种矫正系统，幼儿只有在教育现场才能切实体

3

会到错误动作与正确动作的身体反应与心理感受，这也是让其快速矫正与提高的最好时机。当前幼儿园运动环境创设中，迅速、直接和清晰的现场反馈不足，不能及时让幼儿看见自己的进步，从而制约幼儿进一步发展；不能及时让幼儿发现自己的不足，从而阻碍其思考与学习。

（二）重技能评价，轻品质评价

尽管《幼儿园教育指导纲要（试行）》里明确"在体育活动中，培养幼儿坚强、勇敢、不怕困难的意志品质和主动、乐观、合作的态度"，但是现实中对幼儿的评价，仍然以运动技能评价为主，关注幼儿如何跑，跑得有多快，对于幼儿是否能坚持跑、创新跑、主动跑和专注跑等方面缺乏相应的评价。评价是一个指挥棒，有什么样的评价就有什么样的教育导向和教育生态。这种忽视运动品质的评价，难以把幼儿的运动品质培养落到实处，难以真正实现运动教育的内在价值。运动能力是一种集动作发展、体能、认知、品质等多方面素质于一体的综合能力。只有重视评价运动技能的同时，重视评价幼儿勇敢、坚毅、专注、积极、主动、认真等运动品质，才能真正促进幼儿运动能力提升。

（三）重时间评价，轻强度评价

《3—6岁儿童学习与发展指南》里明确指出"幼儿每天的户外活动时间一般不少于两小时，其中体育活动时间不少于一小时"，但并未涉及体育活动的强度，因此，幼儿园体育活动和运动环境评价也多是从体育活动能否持续一小时这个角度出发。但是要想促进幼儿体质健康，除了保证运动时间以外，还必须以一定的运动强度作为支撑。

（四）重他人评价，轻自我评价

教师和家长是当前幼儿园运动环境评价的主体，属于他人评价，缺失幼儿自身对该环境的评价。幼儿进行自我评价既能看见自己的进步，也能了解自己的发展目标。自我评价就是幼儿回顾反思过去经验的过程，这为幼儿未来经验的获取提供了有利条件。

总而言之，当前我国幼儿园运动环境中存在的上述问题并不是短时间形成的，是长期以来各种落后的教育观念所累积的，从而使得幼儿园体育娱乐化现象严重，长期存在的幼儿动作发展不良、运动能力低下等情况未能得到根本改善。良好的运动环境应能为幼儿提供多样化的运动经验，激发幼儿主动探索、想象和创造，促进他们的身体、认知、情感、社会性等得到全面发展。因此，提升当前幼儿园体育教育质量的首要任务和关键环节，就是改善、提升现有幼儿园运动环境。

第二节　幼儿园运动环境缺失的内在机制

探究当前幼儿园存在的运动环境场地设计、器材选取和评价指向等问题发现，主要是由于幼儿园运动环境创建过程中健康性、教育性、游戏性，以及文化性缺失。

一、健康性缺失

《3—6岁儿童学习与发展指南》明确指出："发育良好的身体、愉快的情绪、强健的体质、协调的动作、良好的生活习惯和基本生活能力是幼儿身心健康的重要标志。"《幼儿园教育指导纲要（试行）》提出："环境是重要的教育资源，应通过环境的创设和利用，有效地促进幼儿的发展。""幼儿园的空间、设施、活动器材和常规要求等应有利于引发、支持幼儿的运动和各种探索活动，有利于引发、支持幼儿与周围环境之间积极的相互作用。"但是，在当前幼儿园运动环境创设过程中，存在着很多无效或低效的运动环境。

（一）表现特征

第一，环境功能不全面，器材同质化现象严重。例如，促进下肢运动的场地和器材，与发展上肢或躯干的运动相比，多样性严重不足。

第二，环境中的规则太多，导致幼儿运动受限，从而无法感受到丰富的环境所带来的愉悦体验。

第三，环境中的颜色丰富，但真正适合于幼儿身心健康发展的颜色缺失。虽然环境丰富多样，但是缺乏动态性，无法有效促进幼儿的交往。

第四，器材尺寸不适宜。器材的尺寸不适合幼儿，例如，悬吊的铁环之间的距离过大，不利于幼儿悬吊移动练习，而且铁环离地面太高，不利于幼儿上下。图1-1看似创设了一个有趣的环境，但因木头之间的距离较大，幼儿无法抱住木头前进，导致木头的价值未能体现。

图1-1　尺寸不适合幼儿的器材

第五，器材层次性缺乏。器材统一，缺少差异性，无法满足所有幼儿的需求。部分器材容易让幼儿产生畏难情绪，不利于激发其运动激情。

第六，挑战性缺乏。挑战性不足是当前很多幼儿园运动环境的常态，导致幼儿体验感差，看不到自己的努力与进步，幼儿不能在运动环境中感受到自己的控制力和力量感，难以激发其运动的内在动机。

第七，器材过于丰富。丰富的环境刺激能促进大脑发展，但是并不意味着给幼儿的刺激越多越好，过度刺激并不一定会提升幼儿的未来学业表现。

（二）原因分析

第一，为了便于管理，忽视幼儿自由运动的需求。或者说，仅能满足幼儿的外显需求，没有深入了解幼儿的内在需求。

第二，缺乏幼儿人体工程学原理的基本知识。造成这个问题的主要原因在于把幼儿当成了缩小的成人，用成人的要求来规范幼儿，导致幼儿的运动环境就是缩小的成人运动场。

第三，运动与劳动、运动与游戏之间的关系混乱。"自主性游戏中幼儿搬运物品就是运动了""幼儿不需要刻意学习与练习运动技能""游戏中的身体活动已经能满足幼儿的运动需求了"等错误观点主要在于未能正确理解运动与劳动、运动与游戏之间的关系。自主性游戏中的抬、挥、滚、拉等基本动作属于日常生活所需动作，并不是有目的、有意识、有运动负荷要求的体育运动。虽然都是身体活动，但是目的不同，其价值也不同。

第四，教师缺乏基本的运动素养。教师在创设运动环境的过程中，并不具备相应的运动知识和技能支撑，也没有真正理解运动负荷与运动有效性之间的关系，以及运动负荷对幼儿体质健康的影响。

二、教育性缺失

实践证明，教育环境对人的全面发展起着至关重要的作用。教育与空间的紧密结合，逐步演化出了独特的教育景观，而每一个景观都表现出不同的教育内涵，一草一木、一砖一石、一桌一椅都蕴含着丰富的教育寓意。环境的教育性对幼儿的影响贯穿于幼儿的整个发展过程。[①] 运动环境就是形态多样的隐性课程。这一课程既符合幼儿的年龄特征、认知发展和动作发展水平，又能充分满足幼儿的个性差异和个体特点；既考虑了幼儿的活动兴趣与参与机会，又兼顾了幼儿在活动中的安全。运动环境将教育渗透于环境的各个组成部分，使环境的各要素都承载着相应的运动教育功能。但在当前的幼儿园运动环境创设中，教育性时有缺失。

（一）表现特征

第一，选择运动的场地和开展时间较为随意。什么时候可以使用楼梯进行运动，哪些地方不可以进行运动等，这些规则都未能提前告知幼儿。

第二，合作性环境缺失。当前的运动环境创设主要适合幼儿独自运动，缺乏合作性环境，不利于幼儿人际交往。

---

① 鲍钰清．环境偏好理论视角下的幼儿园空间环境分类及其教育意义 [J]．基础教育研究，2012(7): 63-64.

（二）原因分析

造成教育性缺失的因素主要有两方面：第一，缺乏正确的幼儿观，不尊重幼儿，认为幼儿就应该服从与配合教师。第二，幼儿园管理者以及相关教师缺乏环境育人的意识。

三、游戏性缺失

（一）表现特征

第一，趋同化。虽然游戏活动已经受到重视，并表现出不同于集体活动的独特功能，但当前幼儿园运动环境创设过于追求塑胶化，人造草坪表现出趋同化甚至雷同的倾向。例如，许多幼儿园都有塑胶场地、五彩跑道、人造草坪等运动区域，以及滚筒、梯子、木板、脚手架等大同小异的配套器材与环境布置。这种缺失幼儿园文化和地域特色的照搬意识和缺乏创意的简单模仿，导致幼儿园运动环境整体上表现出单一性和模仿性，难以充分吸引幼儿参与运动、探索、挑战、冒险，以及确保持续投入的状态。

第二，固定化。运动区设置需要保持一定的稳定性：一是运动本身需要不断多次重复进行；二是幼儿自身参与运动与学习的重复性诉求；三是幼儿园环境创设的经济性与工作量等方面的现实考量。指向运动体验的大型玩具区、指向体能发展的综合运动区，都需要保持设计的稳定性与固定性。但是，如果过于强调运动区域的稳定性，停止更新器材与拓展特色场地，容易导致运动环境的僵化和呆板。诸如投掷区、攀爬区、钻爬区和平衡区，一经创设便长期保留，极易沦为限制幼儿运动兴趣和自主创新的桎梏，难以充分调动并维系幼儿的运动乐趣。

第三，精致化。运动环境作为幼儿园环境建设的重要内容，兼具审美教育的功能。具有良好艺术审美性的运动环境及器材，可以熏陶和培育幼儿的艺术感知和审美素养。但是，部分幼儿园运动环境过于注重艺术表现形式，追求精美、雅致，不适宜幼儿运动。运动环境以激发与支持幼儿运动为核心，这决定了运动环境不应仅具有欣赏性和观赏感，更应该满足幼儿的运动需求。

第四，预设化。幼儿园通常把体育活动的内容与目标渗透于运动环境中，在场地中设置若干个特定场地与器材，并规定方法与路线。但环境的作用得到充分发挥的关键在于幼儿具有自由感，自由感能够引发幼儿自主探索和创造，激发运动意愿和需要。缺乏自由感的预设环境，容易限制或约束幼儿的自主发挥和运动。幼儿一旦完成运动任务，便失去了再次运动的兴趣。

（二）原因分析

游戏性缺失的根本原因在于没有理解"游戏是幼儿园教育的基本活动"。缺乏对游戏的正确认识，缺乏对幼儿身心发展特点和教育特点的认识，缺乏在游戏过程中促进幼儿高水平游戏能力提升的认识。

四、文化性缺失

幼儿园运动环境包括外显的物化环境和内隐的意化环境两个方面，表现为一种氛围、一种底蕴、一种文化。环境所彰显的氛围、底蕴和文化实际上来自其本质属性，主要体现在"和物""化人"和"释义"三个方面。[①]

"和物"，是指幼儿园内一切物化的存在都处于一种自然与和谐的状态，没有刻意去雕饰和改变。兼顾物的自然性和幼儿天性的运动环境是将这两者统合为一个生态系统，也只有兼顾了自然属性与个体本性的环境系统，才有可能使得物有语言、景有情意、事有缘由，而其中的人则有个性和自我。"化人"，是指创设幼儿园运动环境的最终旨归是实现体育教育的各项功能。正因为具有育人和化人功能，幼儿园运动环境才具有教育性，才有可能成为"第三位教师"，从而实现幼儿与环境的互动。化人功能将运动环境与幼儿的发展紧密联系起来，更好地实现了幼儿园的教育和文化

---

① 章兰，何丽娟.幼儿园适宜性教育环境的内涵与创建策略 [J]. 学前教育研究，2019(3): 89-92.

功能。"释义"，即从更深层次来阐释运动环境的本质。在幼儿园教育活动中，环境中的人、事、物等要素都不是孤立存在的，而是一个相互联系、相互作用和相互影响的统一体。从本质上来说，幼儿园运动环境就是一系列凝聚着幼儿园灵魂与生命力，体现幼儿园教育理念、办园宗旨、育人目标和发展目标等核心价值的符号体系。[①] 这些价值符号的有机结合构成了幼儿园的文化，从而使得幼儿园运动环境具有了文化性。文化性使得幼儿园成为一个具有发展原动力，持久且稳定的化人场域，阐释着运动环境的教育和文化意义，是幼儿园更为根本的存在表现。

（一）表现特征

第一，与幼儿需求脱节。日本学前教育专家仓桥物三曾说过"唯有幼儿的自由感才使环境焕发出活力"。"即使环境还不够丰富、完善，一旦幼儿积极地加以利用，环境的功效就会不断地扩大起来。""如果这些环境的使用方法让幼儿感到约束，环境的作用就不可能充分地发挥出来。"[②] 环境创设过程中最关键的并不是场地、器材，而是使用它们的人。环境中的人是什么样的，他们怎么理解环境，如何利用和对待环境，这才是关键。幼儿所需要的自由、自主、创造、冒险等游戏精神在成人以安全为主要前提的现实环境中难以呈现，运动变成了动手运动、思维运动，脱离了幼儿身体大肌肉运动的需求。

第二，与地域特征脱节。区域文化性既代表了当地的文化特征，又能体现当地的历史传统。但是，部分幼儿园存在运动环境创设与本地区地域特征脱节，模仿其他幼儿园运动环境创设的问题。例如，边远山区的农村幼儿园建立手球馆，就是与幼儿的生活环境不相关，脱离了实际。

（二）原因分析

第一，缺乏文化渗透环境的意识。缺乏文化渗透环境的意识，主要体现在两个方面：一是不了解环境对幼儿发展的价值与功能；二是不了解环

---

① 黄豪，杨晓萍. 走向符号实践：论幼儿园教育环境的意义创设逻辑 [J]. 浙江师范大学学报，2017(6)：31–37.
② 仓桥物三. 幼儿园真谛 [M]. 李季湄，译. 上海：华东师范大学出版社，2014.

境对本土文化传承与创新的价值。没有相关的知识，就缺乏相应的理念，从而无法指导实践。

第二，缺乏对幼儿发展的正确认识。幼儿是主动学习者，具有自我纠错能力。幼儿的自主性与生俱来，因此，要根据他们的需要去创设运动环境，在这个运动环境中他们可以自己成长、自己学习、自己纠错，最后实现自我发展。

第三，不重视地域特色与本土资源。地域通常是指一定的地域空间，也叫区域。地域性是指不同区域因自然环境、人文地理的不同而产生的经济、文化、宗教信仰等方面的、只有该区域所特有的特征。文化在一定的地域中与环境相融合，因而打上了地域的烙印，具有独特性，便形成了地域文化。而地域文化的地理性、民俗文化性等特征为幼儿园运动环境创设提供了多元素材。不同的地理环境，塑造了不同的人物性格和文化习俗，形成了多彩的文化资源，为幼儿园运动环境创设提供了源源不断的素材资源，丰富了环境创设的题材，更形成了该地域独特的运动环境风格。

第二章 日、德、美三国幼儿园运动环境创设

环境作为一种富有人格魅力的教育力量，不仅能激发幼儿思考，还能引导幼儿的行为与活动，改变幼儿的认识和理解。具有典型特点的日本、德国、美国幼儿园的运动环境创设理念对我国幼儿园运动环境创设具有一定的参考与借鉴价值。

第一节 日本幼儿园运动环境创设

一、教育理念

运动环境创设与幼儿园运动教育观念紧密相连。日本幼儿园运动教育观念主要体现在以下几个方面。

（一）充足的游戏时间

日本幼儿园教育活动主要有两种形式：自由活动与集体活动。自由活动与集体活动的时间比例为3∶1。幼儿每天在幼儿园大约进行3个小时的自由活动。上午8点至8点30分为幼儿入园时间，幼儿自入园至10点或10点30分均为自由活动时间。幼儿可以选择室内或户外活动。午饭后，12点至13点也为自由活动时间。集体活动主要是取材于社会生活或幼儿园生活中重要事件的综合主题活动，结合幼儿生活经验，运用游戏的形式，使幼儿得到充分的情感体验。

（二）运动环境和器材简单、朴实、自然

幼儿园通常有较好的自然环境，所提供的运动环境与器材具有简单、朴实的特点，使人有亲切之感，有利于激发幼儿运动的兴趣。幼儿园非常

注重在自然中为幼儿设置运动条件。器材、设施通常依自然环境设置，如在树上架绳梯、挂绳网，或是在两棵树之间架设秋千等供幼儿攀爬、行走。有的还在树上建造木屋，依据山势设置跳台。同时，沙箱、沙坑与玩水设施非常普及。

（三）活动类型多样，注重自然运动

幼儿园注重引导幼儿进行密切接触自然的运动和在自然中进行的运动。玩沙、玩水、骑车等活动种类繁多。幼儿可在户外跑动、骑自行车、玩大型运动器材，充分运动，感受克服困难后的愉悦和自信。

（四）幼儿自主运动，教师积极参与

幼儿的活动，玩什么、怎么玩都由幼儿自己做主。教师始终是活动的参与者，有时提出建议，有时给予帮助，但更多的时候是作为活动的一员参与其中。教师作为幼儿的活动伙伴，以自己的情绪感染、影响幼儿，并对幼儿表示支持、赞许。这种平等关系有助于幼儿在活动中学习自己做主，自创玩法，减少对教师的依赖。在幼儿活动过程中教师并非完全放手，而是根据平时的观察与了解，做到心中有数，提供有效的帮助与指导。

二、运动环境创设特点

对日本幼儿园运动环境的分析表明，利用幼儿园屋顶等建筑设施创设运动环境的幼儿园占 72.7%，利用室内空间的占 36.3%，利用周边丰富的自然资源的占 27.2%。在材质方面，运动场地为草地的占 63.6%，为沙土地的占 45.4%；大型运动器材为木质的占 63.6%，为金属的占 9%。在色彩方面，原木色占 90.0%，绿色占 45.4%，白色占 36.3%，黄色占 18.1%，蓝色占 18.1%，沙土色占 9%。

（一）室内运动环境的创设

室内空间的设计：利用回廊、木制露台、悬空走廊、移动式隔断等结构将各个建筑，以及建筑内部和外部有机地衔接起来，被称为"游环结构"，这是一种能唤醒幼儿游戏天性的空间结构，空间布局富于变化，各类循环动线分布其中，保证幼儿能够自由探索、体验和发现（见图 2-1）。[①]

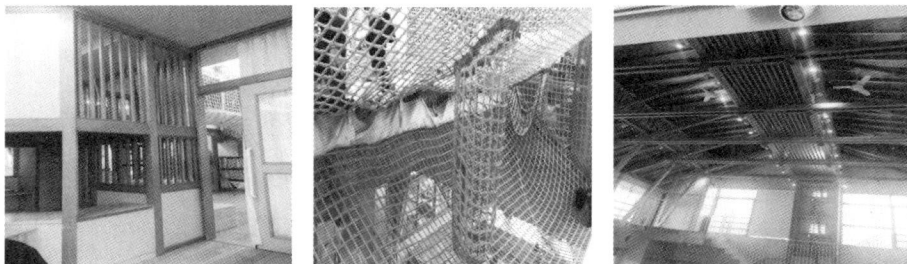

图 2-1　游环结构

基本设施：开阔的走廊、室内攀岩墙、单体运动设施以及大型运动器材。

（二）户外运动环境的创设

日本幼儿园教师认为"安全的户外不一定是好的户外"。日本幼儿园户外环境大多有沙土场地、泥沙池、游泳池、攀爬架、滑梯、土坡、秋千、单杠等设施。户外环境一般由六个要素构成。

1. 户外场地

户外场地一般多为沙土场地或草地，有的一半是草地另一半是沙土场地。幼儿园因地制宜，利用斜坡搭建滑梯，利用屋顶设计游泳池、足球场等场地，创造丰富的幼儿活动空间。

2. 泥沙地／沙土地

玩泥是幼儿园常见的活动。泥沙地／沙土地变化多，可塑性强，是幼儿最喜欢的活动场地之一。

3. 戏水区

玩水是幼儿非常喜欢的活动。不同的幼儿园根据其户外场地面积设置了不同大小的戏水区。一般每周都安排游泳活动，主要是为了让幼儿接触

---

① 仙田满.日式幼儿园设计案例精选 [M].陈慧琳，译.武汉：华中科技大学出版社，2021.

水、感受水。

4. 单体运动设施

有的幼儿园户外场地较大，有的并不宽敞，但都利用得非常充分、巧妙。幼儿可四处奔跑，自由选择多种运动设施。

5. 大型运动器材

幼儿园户外通常都有综合性大型运动器材，用木材或金属制作，主要由攀爬架、悬桥、滑梯、平衡木、爬网等设施组合而成。

6. 自制器材

这些户外设施多由木材和废旧器材制成。因为这些器材本身的触感、味道容易被幼儿接受，它们成了最好的玩具。接触自然，利用自然，可以培养幼儿对人及自然的善意。

日比野拓说过，幼儿园的主体是幼儿，幼儿需要的是充足的活动空间，而不是五颜六色的装饰，为了凸显幼儿的主体地位，采用简洁的设计会比复杂的设计要好。高低错落的地面、草丛、沙地等，会给幼儿提供有着无限可能的玩耍和发现的空间，这样的户外环境创设不仅可以提高幼儿的运动技能，培育幼儿亲近自然的情感，还可以培养他们的创造能力、判断能力以及沟通、交往等社会生活能力。幼儿需要的是充足的活动空间，而不是多余的装饰。在一个愉快的环境里，幼儿往往可以运动较长时间，真正让幼儿开心的并不是那些五颜六色的华丽玩具，如何培育他们的好奇心，才是最重要的事情。

三、日本幼儿园运动环境创设给我们的启示

日本大多数幼儿园都会采取把屋顶、楼梯等建筑设施设计为相应的运动场地的方法来增加运动场地的面积，从而达到提高幼儿运动质量的目标，这为我国规模较小的幼儿园合理利用建筑资源打造运动场地提供了方向。日本幼儿园还善于利用室内的门、窗、走廊、墙等建筑资源，运动场地多为草地、沙土地，大型运动器材多为木质，与我国大部分幼儿园的塑胶操场形成了鲜明对比。日本幼儿园以原木色为主，整体色彩贴近自然。

在幼儿园运动场地和运动器材的功能上，日本幼儿园注重将幼儿基本动作技能的发展练习与不同的运动场地结合起来，将动作技能的发展练习隐于环境之中。

第二节　德国幼儿园运动环境创设

德国幼儿园通常把幼儿情感目标放在首位，认为只有让幼儿在环境中认识自然、感受自然、欣赏自然，才能使他们真正热爱自然，关心环境。

一、教育理念

德国幼儿园普遍认为，幼儿有自己的成长规律，他们在相应的阶段要做相应的事情。玩对于幼儿来说，就像水和空气，必不可少。"关系、兴趣、环境"这三个关键词渗透在德国幼儿教育的方方面面。德国幼儿园教师非常重视与幼儿建立亲密关系，由幼儿的兴趣主导绝大部分活动，教师是幼儿的陪伴者。同时，重视幼儿园环境创设对幼儿成长的影响、与课程内容的结合与实施等问题。

（一）从幼儿的角度看世界

幼儿园运动环境创设处处体现出以幼儿为中心，富含人情味和感染力，温馨动人。幼儿的运动完全可以自主选择，几乎不需要教师的协助。运动环境的创设充分体现出了对幼儿的尊重，也培养了幼儿的独立性。

（二）使用自然、低结构器材

幼儿园的大部分教具都是纯天然器材，例如，幼儿从生活中、自然环境中收集的器材：秋天的落叶、河边的石头、纸筒等。幼儿在收集器材的过程中认识自然，在创造过程中发挥想象力，锻炼动手能力。

（三）幼儿是运动环境创设的直接参与者

幼儿园运动环境的创设并不是一成不变的，而是随着四季、节日而变化。认识自然、感知四季的变化是幼儿成长过程中重要的一课。节日更是幼儿园运动环境创设中非常重要的环节，教师带领幼儿把节日元素加入运动环境里，营造出浓厚的节日氛围。

（四）人创造环境，环境也创造人

幼儿园的每个地方都能让幼儿看到四季的变化、体验到不同的运动项目，刺激幼儿视觉、听觉、嗅觉和触觉的全面发展。

（五）"关系"是环境的重要元素

环境不仅包括物理环境，还包括师幼关系、伙伴关系、幼儿园与社区的关系等。幼儿在运动过程中，通过感知、体验，逐渐对文化有了初步的理解，逐渐形成欣赏、理解、尊重、友好地与人共处的意识。

二、运动环境创设特点

草地、沙地、石头地是德国幼儿园户外常见的运动场地（见图2-2）。

图2-2 常见的运动场地

（一）崇尚自然

幼儿园通常有大片的活动场地，草地、沙池、水沟基本上都是原生态的，幼儿可以在自然中尽情嬉戏。幼儿园室外器材如秋千、独木桥、跷跷板等都是木材做成的。活动场地上放置了许多幼儿可以搬动的废旧器材，如旧轮胎、木板、梯子等。运用这些器材不仅节约了资源，同时激发了幼儿丰富的想象力和创造力。

（二）灵活多样

有教师会带领幼儿到附近的森林进行教学活动。幼儿在森林里认识动植物，探究动植物的生长过程，感受四季的气候变化。教师常常通过一些游戏让幼儿更深刻地感受自然。幼儿园通过"森林日"活动激发幼儿对大自然的兴趣，教给幼儿健康的生活方式，感受人与自然相互依存的关系。

（三）户外活动全天候

德国大约有 370 多个森林幼儿园，这类幼儿园改变了传统、封闭的教学环境，幼儿整天在户外活动，在森林里玩耍，与自然融为一体。幼儿完全沉浸于大自然，感受风霜雨雪，观察春夏秋冬，在阳光的沐浴下，他们亲近自然，珍爱生命，感受人与自然的和谐统一。

（四）环境教育资源丰富

充分利用当地的环境教育资源，如环境教育中心、自然博物馆及国家公园等，这是德国幼儿园的另一大户外活动特色。德国几乎每一个市镇都有类似的机构，它们一方面承担着培训中小学及幼儿园教师的任务，另一方面为学校提供户外活动场所。

三、德国幼儿园运动环境创设给我们的启示

幼儿园里的生活、游戏、运动、学习等一切环节都应是幼儿的课程。即使没有正规的教学课程，幼儿也能通过玩来发展和学习。以游戏等自由活动为主，幼儿在玩中与人、物和周围环境产生互动，体验着环境中的一切事物，探索、实践、分析、解决问题，处理与教师、同伴和家长间的各种关系，不断积累经验。

幼儿园应该充分尊重幼儿的个性化需求，由幼儿自己决定玩什么。幼儿可以根据自己的兴趣、需要选择不同的器材，在不同的区域进行不同的活动。但是自由玩不等于盲目玩，而是将教育融合在各种活动中。幼儿在户外活动中学习，在手工活动中学习，在收纳整理中学习。让幼儿尽兴玩的背后是教师带着目的引导幼儿进行探索。

重视自然教育。在自然环境下，幼儿的观察能力、自我控制能力、自我判断能力以及大小肌肉动作等能力都得到发展，他们还会一起解决很多现实问题。在看似简单的收纳整理过程中，除了保持环境的整洁外，还包含了分析、判断、选择、思考和决定等环节，对于锻炼精细动作、练习分类收纳、培养责任感与耐心、提高生活自理能力等方面都有很大作用。

户外不仅仅是身体运动和体育锻炼的场所，更是幼儿主动学习的环境。环境与大自然血肉相连，丰富的器材、合理的规划和保护完好的自然生态让环境具有无限的探索潜力。户外的运动设施以金属和木质器材为主，地面主要由木屑铺设而成或为沙地等自然场地，树枝、石块等自然元素融入内外环境，让在其中学习生活的幼儿能随时感受到自然的气息。

第三节　美国幼儿园运动环境创设

美国幼教工作者认为自然和环境是幼儿最好的老师。提供合适的器材，幼儿的想象力和创造力会远远超出人们的认知。

一、教育理念

美国幼教工作者认为好的环境能够激起幼儿的探索欲望，同时让幼儿获得安全感。幼儿大部分时间是在幼儿园度过的，几乎每一种早期学习都是在幼儿园环境中进行的。只有教师创设出的环境充满有趣的器材并且组织良好，幼儿才可能在各个发展领域进行主动学习。

（一）从幼儿的视角出发

美国幼儿教育协会提出了发展适宜性实践，表明教育不仅要与幼儿的发展年龄相适宜，还要与每个幼儿的发展情况及其文化背景相适宜。教育活动要从幼儿的经验出发。

（二）幼儿在自然中学习与成长

让幼儿在自然的环境中学习，是幼儿成长过程中必不可少的环节。

（三）游戏是幼儿学习的内容与途径

游戏对于幼儿获得最大限度的发展和最佳的学习效果至关重要。尊重幼儿的游戏就是尊重全面发展的幼儿。

二、运动环境创设特点

（一）环境布置是一种策略

美国幼儿园将环境布置视为一种策略，即环境的布置能为幼儿提供良好的学习环境，为幼儿的发展提供有利条件。幼儿必须利用各种感官，通过与环境的直接作用进行学习。教师鼓励幼儿积极地与环境中的物体、器材和人进行互动。教师为幼儿提供适合年龄发展和个体发展的课程。

（二）器材分层明晰，区角划分明确

各个活动区域明显地分隔开来，这样便于幼儿清楚地选择活动区。户外器材有清晰、明显的层次，既有让幼儿骑车、玩球的平坦区域，又有供幼儿攀爬的游乐场，更有草坪、树丛等安静区域，让幼儿探索大自然中的每一片叶子、每一株小草、每一块石头。教室通常直接通向户外，室内与户外的距离较短（见图2-3）。

图 2-3 感官体验丰富的环境

幼儿园不追求昂贵的器材，而是善于挖掘自然物、废旧器材、开放器材的无限潜力，用身边的器材为幼儿创造丰富的感觉经验。户外活动通常为自由游戏，通过各种器材来满足幼儿身体各个部位的锻炼需求。有各种球和小车等带轮子的玩具，同时也有大型攀爬器材，还有由轮胎、绳索等材料制成的器材。

室内空间的划分特点分明：（1）将空间分成不同的兴趣区域，区域的位置取决于课程方案中所需的器材以及每一个区域的使用方式。比如，将积木区设置在最大的空间，便于幼儿搬运器材、搭建物品。此外，每个区域应该有足够的放置器材的空间。（2）空间对幼儿有很大吸引力，使用地毯、靠垫、充气垫等创造出温馨和安全的氛围，让教室柔和而舒适。使用天然的建筑器材和自然光线。提供让幼儿放松的地方，如安乐椅、躺椅、阁楼等。（3）空间开放且易于出入，幼儿能够从房间的不同位置看到各个区域，便于他们计划和确定游戏是否可行。自由出入各个区域是安全的保障。

（三）重视器材的选择

美国幼儿园一般会选择能激发幼儿创造力与想象力的器材。把器材视为表达的工具，教师会发现不同器材的各种可能性，用来激发幼儿的探究兴趣。什么样的器材能够激发幼儿的想象力与创造力呢？器材需要符合以下标准：（1）幼儿可以用不同的方法使用器材；（2）器材有多种属性和维度；（3）器材能够吸引不同年龄、不同学习阶段的幼儿；（4）器材具有长久吸引力；（5）能与其他器材一起使用，创造更多游戏机会；（6）器材能促进幼儿相互尊重、和平共处。

在体育活动中，要确保幼儿在任何地方都有器材可用，并能以自己喜欢的方式操作从而实现自己的计划，解决所遇到的问题。选取和存储器材的原则如下。

第一，器材多样且充足。教室的各个区域都备有不同的器材和设备，充足的器材有助于最大限度地减少幼儿间的冲突。幼儿需要多样化的器材来学习广泛的运动经验，以便在每一发展领域都能增加知识、发展能力。

第二，器材要能反映幼儿的家庭生活。教室里增加一些家庭中可以找到的东西，如图书、照片、杂志、衣服等物品，会让幼儿了解什么是重要的器材，也表明了教师对幼儿家庭及家庭生活的重视。

第三，存储方式要有利于幼儿完成"发现—使用—归还"这一过程。高宽学习环境最重要的原则就是：幼儿能够自己发现、利用和归还个人所需的器材。按照功能划分的兴趣区有助于幼儿发现这些器材可能存放的位置。区域和器材的标签也能够进一步帮助幼儿找到所需的器材并在用完后放回原处。这会强化幼儿独立实施计划的动机，提高他们满足自己需要的能力。

第四，使用幼儿能够理解的名称和标志为区域与器材命名。例如，"玩具区"而不是"操作区"。此外，鼓励幼儿参与器材的命名，这能够引导幼儿注意器材的性质特征。

三、美国幼儿园运动环境创设给我们的启示

运动教育中要注重幼儿的原有经验，尽量让他们在自然的环境中学习与发展。同时，合理创设不同的运动区域可以促使幼儿学习特定的知识，发展特定的技能，能培养幼儿的信任感和注意力。器材设施的摆放要整齐，分类要清楚，便于幼儿找到所需物品；区域设置应具有一定挑战性，能让幼儿产生冒险体验，使他们能较长时间进行相关运动；器材要足够多，以减少幼儿之间的冲突。

第三章　幼儿园运动环境创设理论

第一节　幼儿园运动环境创设的教育学理论

一、蒙台梭利教育思想的环境观

蒙台梭利是 20 世纪最伟大的教育家之一，对此后世界各国的幼儿教育产生了深刻的影响，被誉为"儿童世纪的代表"。她通过教育实践发现环境是促进生命成长极其重要的一个因素，因此环境成为其教育体系的重点研究对象。

（一）环境反映生命的跃动

蒙台梭利认为环境与生命相互制约，环境反映生命的内在跃动。教育的任务在于通过掌握环境因素，从而改进生命所依赖的环境，进而促进其内在生命潜能的爆发。幼儿只有在一个不受约束的环境中，即在一个与他们年龄相匹配的环境中，他们的心理、生理才会自然发展并展现内心的秘密。蒙台梭利还认为幼儿的心理发展既不是单纯的内部成熟，也不是环境、教育的直接产物，而是机体和环境交互作用的结果，是通过对环境的经验而实现的。如果幼儿被置于一个有利于他们自然发展的环境中，使他们能按自己的需要、发展的节奏和速度来行动，幼儿就会显示出惊人的特性和智慧。蒙台梭利指出"我们教育体系的最根本的特征是对环境的强调"[1]。这个环境就是有准备的环境。

（二）为幼儿提供有准备的环境

蒙台梭利认为，对六岁以前的幼儿而言，成人的环境与幼儿的环境在

---

① 蒙台梭利 . 童年的秘密 [M]. 梁海涛 , 译 . 上海：上海人民出版社 , 2007.

大小及发展速度上相差极大，因此，幼儿在活动时需时时依赖成人从旁协助。幼儿一直依赖成人的协助便无法实现应有的成长，不能支配自己的生活、教育自己、锻炼自己。如果没有理想的环境，幼儿就无法认识到自己的能力，这样永远无法脱离成人而独立。为此，必须在成人和幼儿的世界之间建立一座桥梁。有准备的环境就是起到桥梁的作用，其目的就是使成人的世界适合幼儿的发展，它需要具备如下一些要素。

1. 提供有规律和有秩序的生活环境

秩序必须存在于有准备的环境中。幼儿的秩序敏感期在两岁时达到高峰，秩序感是幼儿生命的自然本质之一。幼儿以秩序感为中心运用智慧，进行区分、模拟的操作，对周围的事物加以内化。秩序感的丧失，将导致事物混乱，幼儿失去方向感。为了防止有秩序的环境带给幼儿呆板、无生气的学习情境，蒙台梭利提出在有结构的秩序中仍可保有相当大的弹性变换空间。

2. 给予幼儿自主选择的自由

蒙台梭利认为幼儿只有在自由、开放及没有压力的环境下，才能将自己的学习潜能发挥到极致。但她并不赞同没有经过过滤的自由，她主张幼儿的自由必须以不侵犯他人的利益为范围，对于幼儿任何可能侵犯或干扰到别人，或者是可能造成伤害的粗鲁行为，都必须加以制止。在蒙台梭利环境中，幼儿的破坏行为必须受到限制，任何其他意图或任何形态的活动都是被允许的，而且教师必须进行观察。

蒙台梭利强调学习上的自由，幼儿可以依照自己的兴趣选择教具，也可以依照自己的喜好选择学习的地点及时间，幼儿不仅可以在教室中自由活动，也可以在教室外自由活动。她认为教室外的环境是一个与教室直接交流的开放空间，只要幼儿喜欢，幼儿可以整天自由地进出教室。所以蒙台梭利教室的一大特点是没有所谓的上课或下课时间，幼儿可以相互观察学习，是一种混龄式教学。

3. 提供真实与自然的环境

蒙台梭利认为环境中的真实与自然，有助于幼儿发展探索内在及外在世界所需的安全感，从而成为敏锐、有赏识力的生活者。蒙台梭利教室中的各种设备，都是幼儿尺寸的真实物品，而且每种教具都只有一套。鼓励同一教室的幼儿共同使用一套教具，引导幼儿从中学习耐心等待及尊重别人。蒙台梭利还指出幼儿属于自然的一部分，必须要有让幼儿有机会接触自然的环境，借此让幼儿认识与欣赏自然的秩序、和谐与美。让幼儿照顾动物、植物，最真实地接触自然，让幼儿有充裕的时间在林野乡间活动，以感受大自然的奥妙。

4. 营造美的环境与温馨的氛围

蒙台梭利认为美对幼儿具有非常大的吸引力，幼儿最初的活动欲望是美引发的，而真正的美则是以简洁为基础，同时也重视教室所使用的器材及教材的质量。蒙台梭利强调每一件物品必须具有吸引幼儿的特质，不论颜色、光泽、形状都必须具有美的感觉。蒙台梭利认为教室中的氛围必须轻松、温暖、温馨、和谐，以吸引幼儿乐于参与其中。教室的布置，应以幼儿创作的作品为主。基于此布置出来的环境，更能发展幼儿对环境的亲切感与归属感。蒙台梭利的儿童之家并没有固定的形式，而是为幼儿提供了活动和发展的环境。有准备的环境就是一个符合幼儿需要的真实环境，是一个提供幼儿身心发展所需要之活动、练习的环境，是一个充满自由、爱、营养、快乐与便利的环境。

二、陈鹤琴教育思想的环境观

陈鹤琴从理论角度深入系统地探讨了幼儿园环境创设，非常强调环境对幼儿发展的作用与重要性。"小孩子生来大概都是好的。到了后来，或者是好，或者变坏，这是环境的关系。环境好，小孩子就容易变好；环境坏，小孩子就容易变坏。"[1] 陈鹤琴认为幼儿有三种基本能力：一是接受外界刺激，二是头脑中可以保留这种刺激，三是受到刺激后会产生反应。这三种能力是幼儿生存与发展的基础。刺激是从环境中来的，好的刺激能产生好的印象，这种印象就会在头脑中保存，并在相当长的时期发生作用。坏的刺激也会促使幼儿在某一时期做出与此相关的动作，"小孩子生来是

---

① 北京市教育科学研究所. 陈鹤琴教育文集 [M]. 北京：北京出版社，1983.

无知无识，没有什么能力的。他与环境、社会相接触渐渐地稍有知识，稍有能力了，我们要使小孩子与环境有充分的接触"，因此，"我们不得不为小孩子创造优良的环境"①。陈鹤琴的环境观主要表现在以下三个方面。

（一）幼儿园环境的布置

陈鹤琴认为幼儿应该有游戏的环境、艺术的环境与阅读的环境。他提出要为幼儿创设审美的环境和科学的环境。以自然现象和社会情况为基础，在各个幼儿园现有的条件下，教师用自然物、幼儿成绩和有教育意义的图画、挂图，引领幼儿一同布置幼儿园环境，使幼儿在布置环境中，认识环境中的事物，了解事物与事物之间的关联，使幼儿在改造环境中创造环境，并培养幼儿坚毅、积极、合作、互助等优良品质。

（二）以"幼儿的环境"为中心的课程观

"我们应当把幼稚园的课程打成一片，成为有系统的组织。但是这种有系统的东西应当以什么为中心呢？这当然要根据儿童的环境。""儿童天天接触的环境有两种：自然的环境和社会的环境。自然的环境就是各种动植物的现象；社会的环境就是个人、家庭、集体等类的交往。……所以，我们应当利用这两种环境作为幼稚园课程的中心。大自然、大社会是我们的活教材，我们应当注意环境、利用环境。""所有的课程都要从人生实际生活与经验里选出来"，从"儿童的一饮一食，一草一木的接触，灿烂的玩具用品中来的"②。当课程内容取材于幼儿的生活经验，幼儿将产生极大的兴趣和热情，会更积极主动地运用其心智探索、发现和尝试，寻求对自己熟悉的世界更深刻的理解。源于生活的课程观，尊重幼儿的特点、兴趣、爱好、动机，是建立在幼儿真正需要基础上的，真正体现了幼儿在学习活动中的主体地位和课程内容选择的适宜性原则。

---

① 北京市教育科学研究所.陈鹤琴教育文集 [M].北京：北京出版社，1983.
② 北京市教育科学研究所.陈鹤琴教育文集 [M].北京：北京出版社，1983.

（三）幼儿园环境创设原则

1. 幼儿参与创设环境

幼儿的兴趣是由于环境的刺激而产生的，通过思想和双手所布置的环境可使他们更加认识，更加爱护环境中的事物。因此，让幼儿参与创设环境，他们的主动性、积极性会得到充分发挥，创设环境的过程成为教育过程。

2. 变化的环境

陈鹤琴还强调幼儿园的环境要根据自然现象和社会情况而变，有时间性、季节性。使幼儿园环境更贴近幼儿的生活经验，并以经常变化的新异环境引起幼儿的兴趣。

3. 幼儿是环境的主人

陈鹤琴认为环境的创设必须考虑幼儿的特点。教师必须清楚，环境是为幼儿创设的，他们是环境的主人，是环境的使用者。在创设环境时，应以幼儿为基准，比如挂图、照片和墙饰等的悬挂要与幼儿的视线齐平。

三、瑞吉欧教育体系的环境观

瑞吉欧教育工作者认为环境是教育的组成部分，环境具有教育的内涵。[①]

（一）瑞吉欧教育体系中环境的教育取向

瑞吉欧学校里，环境和教育相互依赖、相互包容、相互影响，两者是一个不可分割的共同体。"环境的设计倾向于将所有与教育相关的事物相结合而发展。"[②] 强调学校里没有一处是无用的环境，教育是否成功，有赖于环境中各个要素是否具有教育的成分，是否充分地参与教育过程，是否有助于互动，是否有益于幼儿在"做"的过程中的知识建构等。环境的教

---

① 爱德华兹，甘迪尼，福曼. 儿童的一百种语言：瑞吉欧·艾米莉亚教育取向——进一步的回响 [M]. 罗雅芬，等，译. 台北：心理出版社，2000.

② 爱德华兹，甘迪尼，福曼. 儿童的一百种语言：瑞吉欧·艾米莉亚教育取向——进一步的回响 [M]. 罗雅芬，等，译. 台北：心理出版社，2000.

育取向可以从以下几个方面反映出来。

1. 环境是课程设计与实施的要素

从课程设计的总体观念到具体方案的实施，环境一直是教育者所考虑的因素。环境是课程设计与实施的要素主要表现在两个方面。

（1）环境生成课程。如果环境中的某种要素成为幼儿谈论的热点，那么教师就会引导幼儿讨论这一主题，以确定是否要将这一主题发展为方案。教师会思考幼儿究竟对周围的哪些环境产生了兴趣，是否可以从中产生一个新的方案。他们还会思考在方案实施的过程中需要哪些新的环境设置，以利于方案的不断延伸。

（2）课程创设环境。因为方案的实现需要某种特定环境的支持，所以，"一旦有了课程的基本哲学理念与选择后，瑞吉欧教育工作者便着手设计空间并付诸行动"[1]。

2. 环境是幼儿与人、与物之间互动的关键因素

要实现幼儿与幼儿、幼儿与教师、幼儿与家长、幼儿与物之间的活动，少不了环境的支持与介入，互动是否顺利直接与环境因素密切相关。教育乃是由复杂的互动关系所构成，环境中各个元素的参与才是许多互动关系实现的关键。[2] 在瑞吉欧学校，大到学校的地理位置，小到教室内每一个物件的摆放，都充分地为幼儿的各种互动提供便利条件，确保每一个幼儿拥有幸福感和团体归属感。

（二）瑞吉欧教育中环境创设原则

1. 家庭社区原则

瑞吉欧环境创设最重要、最基本的原则就是以大家庭与社区的模式规划学校的环境，[3] 这源于社会建构主义。瑞吉欧教育工作者认为在环境的创设上要处处考虑到家庭和社区的因素，使幼儿生活在充满各种互动经验

---

① 爱德华兹，甘迪尼，福曼.儿童的一百种语言：瑞吉欧·艾米莉亚教育取向——进一步的回响 [M].罗雅芬，等，译.台北：心理出版社，2000.

② 爱德华兹，甘迪尼，福曼.儿童的一百种语言：瑞吉欧·艾米莉亚教育取向——进一步的回响 [M].罗雅芬，等，译.台北：心理出版社，2000.

③ 屠美如.向瑞吉欧学什么——《儿童的一百种语言》解读 [M].北京：教育科学出版社，2002.

的环境中，幼儿将得到最完满的自我发展和知识建构。因此，学校没有传统的大型教室，而是被分隔成几个小的空间、工作坊和档案资料室等，在环境上营造出大家庭的氛围，使得学校成为幼儿之家。"校园建筑……整体营造出一种舒适、温暖、愉悦的气氛以及令人感到快乐的情境。"[①] 学校不仅像一个大家庭，而且是一个小社会，其环境处处与社区环境联系在一起。

2. 文化折射原则

环境从不同层次反映了创造者的文化。"环境必须是一个水族箱，可以映照出想法、价值、态度以及身处在其中的人们的文化。"[②] 在瑞吉欧学校，首先，学校的环境反映了意大利社会文化层面；其次，还呈现出意大利地域文化风情；再次，反映学校的文化层面；最后，反映家庭文化层面。

3. 年龄和发展原则

瑞吉欧教育工作者认为对于不同年龄的幼儿，环境创设的具体要求有所不同，要尽量符合幼儿年龄特征和发展需要。

4. 时间和空间原则

设计环境时，为了让环境真正发挥作用，瑞吉欧的教育工作者还时时考虑时间因素以及空间与时间的协调。"环境是一个有生命且持续变化的体系，它不仅属于硬件层次的一个空间，也包括了时间运用的方式以及我们期望扮演的角色。"[③]

5. 尊重使用者原则

瑞吉欧教育工作者认为环境的创设透露出对使用者——幼儿、教师、家长的兴趣、需求和能力的尊重。教育工作者了解幼儿需要什么样的环境，以及这样的环境是否便于幼儿的探索活动。

---

① 爱德华兹，甘迪尼，福曼.儿童的一百种语言：瑞吉欧·艾米莉亚教育取向——进一步的回响[M].罗雅芬，等，译.台北：心理出版社，2000.

② 爱德华兹，甘迪尼，福曼.儿童的一百种语言：瑞吉欧·艾米莉亚教育取向——进一步的回响[M].罗雅芬，等，译.台北：心理出版社，2000.

③ 爱德华兹，甘迪尼，福曼.儿童的一百种语言：瑞吉欧·艾米莉亚教育取向——进一步的回响[M].罗雅芬，等，译.台北：心理出版社，2000.

6. 评估更新原则

瑞吉欧学校的环境不是固定不变的，而要定期评估和修改。教育工作者每隔一段时间会对现有的空间和时间进行重新评估。他们将学校的一日活动分成几个时段，在每一个时段，观察幼儿、教师和家长的活动情况，判断不同空间所呈现的环境品质与定位，以决定是否对学校空间进行修改，以及怎样修改。

（三）环境是第三位老师

环境作为第三位教师，一方面表明环境不是被动的，而是由幼儿和教师根据他们的需要不断修正、使用，学校里所有的事物以及所使用的物品、器材都不是被动的物质，而是依靠幼儿与成人的积极主导成为有意义的情境。另一方面也表明环境不是一成不变的，可以根据幼儿与成人的需要而改变。此外，环境还具有教学功能。"环境有能力去组织、提升不同年龄的人之间的愉悦关系，创造出美好的环境，提供变化，让选择和活动更加完善。而且环境的潜能可以激发社会、情感和认知方面的种种学习。"①

（四）环境是最佳的记录方式之一

记录是瑞吉欧教育的一个重要特征。记录的方式很多，"学前学校的墙壁会说话，也有记录的作用，利用壁面的空间暂时或永久地展示幼儿及成人的生活"②。

四、教育学理论给我国幼儿园运动环境创设的启示

第一，环境对于幼儿发展具有重要的教育价值。营造符合幼儿身心发展规律的环境才能激发幼儿内在的潜能。环境所具备的教育性充分地彰显了环境是幼儿园课程的重要组成部分。

---

① 爱德华兹，甘迪尼，福曼. 儿童的一百种语言：瑞吉欧·艾米莉亚教育取向——进一步的回响 [M]. 罗雅芬，等，译. 台北：心理出版社，2000.

② 爱德华兹，甘迪尼，福曼. 儿童的一百种语言：瑞吉欧·艾米莉亚教育取向——进一步的回响 [M]. 罗雅芬，等，译. 台北：心理出版社，2000.

第二，幼儿是环境的主人，幼儿参与环境的设计、布置与调整。环境是变化的环境，环境会随着幼儿的发展而变化。

第三，重视环境的颜色、形状以及氛围的美，用美来激发幼儿的活动欲望，并培养幼儿良好的审美能力。

第四，在真实与自然的环境中发展幼儿的运动能力。自由、开放、没有压力的环境最能激发幼儿的运动潜力。

第五，环境是幼儿与人、与物之间互动的关键因素，运动环境就是一个关系场。

第二节　幼儿园运动环境创设的环境行为学理论

如果说人体工程学是将人类因素学知识应用到工具、机械、系统、作业、工作、环境等的设计中去，使之安全、舒适与有效使用的一门应用学科，那么环境行为学则是研究人类行为和环境之间关系的一门科学，包括那些以利用和促进此过程为目的并提升环境设计品质的研究和实践。环境行为学有两个目标：一是了解人—环境的相互作用；二是利用这些知识来解决复杂和多样的环境问题。[①] 环境行为学不仅可以成为设计依据，而且还能为一个新的环境设计项目提出设计导则。

一、空间行为的一般规律

（一）空间与人类行为的互动规律

空间与其中的活动互为表里，即特定地段的空间形式、地点和特征会吸引特有的功能、用途和活动。行为趋向于设置在最能满足其要求的场所。空间与人类行为的互动有以下三种。

1. 空间诱发行为

空间对行为的诱发作用主要表现在通过设计师对空间功能有意识的安

---

① 徐磊青 . 人体工程学与环境行为学 [M]. 北京：中国建筑工业出版社，2006.

排，对行为产生诱发作用。

2. 空间促进行为

促进行为模式指人们的活动是自发的，空间形态促进了这种自发的活动。空间功能上的诱发作用不明显，活动自发形成，无人为组织设计。参与也是促进作用的一种方式，有活动的地方就会有新的活动发生，没有活动发生是因为原来就没有活动发生。通过某些活动的指引，并辅以合理的空间安排，可以有效地提升空间的活力。在空间设计中安排多种活动一般要优于单一性的活动，多种活动相互支持能大大提升空间的活力。

3. 空间阻碍行为

阻碍行为模式指空间的安排不鼓励某种行为的发生。人们在空间中的活动与空间能提供何种设施有关，而且空间本身就是设施的一个方面。在很多情况下，使用者不按照设计师的预定设计而从事其他的未在计划中的活动，所以空间与人们活动不是单向的，而是一种互动关系。

（二）空间行为规律

1. 环境应激模式

环境应激指的是当环境刺激超过个体的应变能力限度时，对行为和健康产生的影响。环境应激模式主要包括向光、躲风避雨、避开危险环境等。

2. 参与模式

参与模式是指人以各种行为方式参与各种事件和活动，与客体发生直接的或间接的关联。按照参与的程度，可分为主动参与、被动参与和旁观参与。

3. 流动模式

这个模式主要指人在移动过程中的活动规律，主要包括抄近路、右侧通行等。目的性的强烈程度是这个模式的主要影响因素。

4. 停留模式

当人们在环境中移动的目的性不强烈，或者是在空间中停留的时候，会表现出聚集、沿边的规律。停留性活动与空间能提供的设施有关，特别与座位设施和环境设施有关。

二、环境的基本要素与行为

在环境心理学中，环境的基本要素主要包括光照、颜色、气味、声音、温度等因素。这些因素对个体行为的影响可以归纳为以下几个方面。

（一）光照与行为

研究表明，个体接受的光照越多，精力越旺盛。亮度与情感之间存在自动的联系。人们喜欢明亮的环境，人们通常认为明亮的物体是好的，灰暗的物体是不好的。人类赖以生存的外界信息的80%通过视觉获取。光照通常比黑暗更使人愉悦，促使人更愿意做出利他行为。

（二）颜色与行为

颜色是视觉系统接受光刺激后的产物，是个体对可见光谱上不同波长光线且刺激的主观映象（见表3-1）。不同颜色带给人们不同的感受，引发不同的行为反应。按照人们的主观感觉，彩色可以分为暖色和冷色。暖色是指刺激性强而且能引起皮层兴奋的红色、橙色、黄色；而冷色则是指刺激性弱，能引起皮层抑制的绿色、蓝色、紫色。颜色影响个体的情感体验，进而影响个体的行为反应。红色给人以支配感和强势的感觉。在竞技体育中，穿红色队服可能会使队员的支配感、攻击性和睾酮浓度增加，从而提高比赛成绩。蓝色和绿色是大自然中最常见的颜色，也是自然赋予人类的最佳心理镇静剂。这些色调可以使皮肤温度下降1—2摄氏度，每分钟脉搏减少4—8次。此外，它们还可以降低血压，减轻心脏负担，缓和紧张情绪，使人安静，从而使人更冷静地对待现实。合理的色彩搭配对幼儿视觉疲劳的缓解和教学质量的提高大有益处。浅蓝色、浅黄色、橙色宜于保持精神集中，情绪稳定；而白色、黑色、棕色不利于提高学习效率。

表 3-1　色彩的审美体验

色彩	心理感受
红色	热烈、兴奋、激动、紧张
黄色	明朗、欢快、温暖
蓝色	抑郁、悲哀
绿色	平静、稳定、活力
白色	纯洁、清爽、悲哀
黑色	阴郁、恐怖、严肃

（三）噪声与行为

噪声的本质是声音。根据人对声音的感受效果，可以分为乐音和噪声。一般比较和谐悦耳的声音为乐音。不同频率和不同强度的声音无规律地组合在一起，则为噪声。噪声常指一切对人们生活和工作有妨碍的声音。乐音和噪声的声源虽然不同，但对人们的感受来说，在一定条件下会发生变化。噪声不单纯由声音的物理性质决定，也与人们的生理和心理状态有关。

噪声会对健康、操作、社会行为等三个方面产生影响。噪声产生的最明显危害就是损伤听力。研究表明，与 1988—1994 年相比，2005—2006年美国 12—19 岁丧失听力的青少年数量有所增加，这可能与青少年听音乐时接触的喧闹声音有关。此外，高水平的噪声还可能会导致生理唤醒和一系列应激反应。噪声会使血压升高，影响神经系统、免疫系统和肠胃功能。音量大，持续时间长，会使心脏收缩过快，体内儿茶酚胺分泌增加。噪声也不利于心理健康，会引起易怒、焦虑等情绪。在噪声环境中，个体的操作行为通常会受到影响，出错率增加。噪声还会影响人们的社会关系，如人际吸引、攻击性和利他行为。噪声使人们要求有更大的个人空间，降低了人际吸引。还有研究者认为，噪声提高了唤醒水平，增强了攻击性，对具有攻击性倾向的人来说尤其如此。噪声还会导致消极情绪，影响个体的助人行为。噪声也会分散个体的部分注意力。

（四）气候与行为

气候是一段时期内平均或主要的天气状况，是一定地区经过多年观察所得出的概括性气象情况。[①]气候决定论认为，气候决定了行为的范围，气候必然引起一类行为发生变化。比如，高温会引发犯罪。由于地理位置决定了气候，究竟哪一个因素对人的行为发挥了主要影响，至今仍没有定论。气候可能论认为，气候对行为有一定的制约作用，限制了行为可能变化的范围。气候概率论认为，气候不是产生某种行为的决定性因素，但是能导致某些行为出现的概率更大。这三种观点并不矛盾，适用于行为的不同领域。对温度与行为的研究表明，高温能减少人际吸引，特别是热与拥挤相伴时；高温还导致利他行为减少。

（五）空间与行为

空间行为，主要研究空间与行为的关系，尤其是进行社会交往时人们使用空间的固有方式，它是环境心理学的重要研究领域之一。1959年，萨默在大量观察的基础上提出了"个人空间"一词，随后成为空间行为领域的重要话题。个人空间是以个人为中心，以满足心理舒适为需要的最小空间范围。个人空间会因情境的不同以及交往和面对对象的不同而发生改变，它围绕在主体四周，其他人不可以随便进入这个区域。个人空间是一个针对来自主体自身情绪和身体潜在危险的缓冲圈，起着重要的支持和保护作用。个人空间具有两种基本功能：保护功能和交往功能。个人空间最重要的功能就是保护功能，表现为避免太多刺激、过度唤醒带来应激反应，保证私密度，避免距离太近带来的身体攻击等。交往功能则是指社会生活中的交往。个人空间在人与人交往的过程中起到调整作用，这一调整作用主要根据不同的人际距离实现。首先，不同的人际距离对自我保护意识的唤醒程度不同，不同的人际距离体现了彼此的亲密程度，人际距离越近，双方感知到的亲密程度也就越高。其次，人际距离也决定着人们交流时采用不同的感觉通道，如肢体动作、眼神交流，从而反过来影响人际交

---

① 苏彦捷. 环境心理学 [M]. 北京：高等教育出版社，2016.

流的效果。

影响个人空间的因素主要有三类：个人的人口学因素、个人的心理因素和情境因素。个人空间大约在个体45—63个月的时候发展起来。五岁前的个人空间模式不稳定，六岁后，个体所需的人际距离会逐渐增大。而情绪作为影响个人空间的心理因素之一，对个人空间具有较强的影响力。研究表明，与一般人相比，易于焦虑、感到社会排斥的人倾向于更大的个人空间，而安全亲密的氛围比较容易让人们亲近起来。影响个人空间的情境因素可以分为物理因素和社会人际因素。比如，物理因素中的建筑物特征会影响个人空间，当房间较小或屋顶较低矮时，人们通常需要更大的个人空间。此外，人们在黑暗中需要更大的个人空间。人际交往过程中交往的性质也会影响个人空间，比如，合作者会肩并肩坐着，竞争者会面对面坐着。人的合作性越强，其人际距离越近。

1. 个人空间与私密性

在空间行为研究中，个人空间和私密性是相互联系的，个人空间最重要的功能是保护功能和社会功能，而在社会功能中，最重要的体现就是私密性。在发展成熟的人类社会中，个人空间很大的作用就是维护个体或群体的私密性。私密性分为言语的私密性与视觉的私密性。私密性不仅有助于幼儿建立认同感，还有助于幼儿保持自律，从而增强其独立性和选择意识。

影响私密性的因素主要分为个体因素与环境因素。个体因素主要包含性别、社会角色等；环境因素主要分为文化环境与情境。研究发现，女性比男性更能忍受拥挤的环境，女性有更多的情感导向。低自尊的人会有更强烈的私密性要求。这就表明，在设计环境时，需要考虑到不同人群对私密性的不同要求。因为幼儿园需要更多的互动场所，私密性标准可以适当放宽。生活在具有丰富私密性—公共性层次的环境中，会令幼儿感到舒适自然，幼儿既可以安静独处，也可以选择不同的交往方式。在幼儿园运动环境设计的过程中应该更多地考虑幼儿的感受，只有这样提供的环境设计才真正有意义。

2. 密度与拥挤

环境心理学认为，密度是每单位面积上个体的数目，这里的个体可以是动物、植物、建筑物等。密度是客观的物理状态，而拥挤是一种主观感觉，是个体的空间需求没有得到满足而产生负面感受的主观状态。拥挤可以分为情境性拥挤和常态化拥挤。情境性拥挤是暂时的，很快会得到缓解或者解除，如交通拥挤、排队拥挤、楼梯拥挤等。常态化拥挤是长期的，如宿舍拥挤、住房拥挤等。拥挤会影响人们的心理感受、情绪，进而影响人们的行为，使人们出现攻击、退缩等行为。研究发现，空间密度过高或过低，幼儿的攻击性行为都会减少。只有在一定拥挤的情况下，男性的攻击性会增加。而如果有足够的玩具分给幼儿，即使是在高密度条件下，幼儿也不会发生攻击行为。

3. 地方依恋

地方依恋就是人与地方之间相互作用而形成的联结，包括情感、认知和行为三种成分。具体来说，地方依恋在本质上是一种人与地方的情感联结，依恋的地方带给人们安全、放松、愉悦等正向情感，失去地方则导致悲伤、失落等负向情感。这种人地情感联结的形成可能以某些认知成分为基础，或者至少伴随有某些认知成分，如对地方的记忆和想象，对地方知识和地方意义的建构等。人地情感联结会表现出相应的行为特征，如对某个地方的接近倾向，在该地方特定的行为模式等。其中，情感是最基本的，而认知和行为则是可选的成分。地方依恋的核心要素主要包括地方、人以及人地产生依恋的过程。依恋的地方有很多种类型，包括自然环境、城市环境等。地方依恋和认同的形成有由浅及深的五个层次：地方熟悉感、地方归属感、地方认同感、地方依赖感和地方根植感。地方依恋的发展理论认为地方依恋是在幼儿探索外界环境和亲子依恋行为的循环中发展起来的。

三、环境行为学理论给我国幼儿园运动环境创设的启示

第一，充分利用空间与人类行为互动的关系，合理使用空间的诱发、

促进和阻碍行为，营造邀请式、对话式、经验式、开放式以及反馈式等运动环境，诱发、促进、阻碍幼儿的相关运动行为发生。

第二，根据流动模式合理设计建筑物与建筑物之间、区域与区域之间道路的衔接方式，以满足幼儿的移动特点。根据参与模式和停留模式，设置相应的运动观摩区，以便于幼儿间的相互学习与模仿。

第三，满足幼儿心理需求的环境建设有利于激发幼儿良好的情绪，而良好的情绪会激发幼儿运动积极性与潜能。环境设计必须具有一定的游戏性。同时，适宜的环境刺激有助于唤醒幼儿身体的自主反应；而刺激负荷理论则表明，颜色、声音、光线、空气、器材数量、器材种类等环境基本要素的过度刺激则会适得其反。

第四，环境创设要符合幼儿身心发展特点，可以利用环境来邀请、激发、促进幼儿参与运动，当然也可以通过环境来限制幼儿不要进行相关运动。要相信幼儿，他们不但会适应环境，还会根据自己的需求改变环境。符合幼儿发展水平的环境才是最适宜的环境。

第五，充分并合理地利用光照、颜色、声音，以及气候来创设相应的运动环境非常必要。个人空间具有保护功能和交往功能。营造一些如帐篷、山洞等私密空间，有利于幼儿心理健康。

第六，不是空间越大越能激发幼儿的运动潜能，适宜的空间才有利于激发幼儿中高强度体力活动。另外，让幼儿在熟悉的地方进行运动，能满足其归属感、认同感和依恋感，通过环境培育幼儿的文化认同感与归属感。

第四章 基于 HEPC 融合理论的幼儿园高质量运动环境概述

第一节 HEPC 融合理论下幼儿园高质量运动环境的内涵、功能、创设目的

任何体育活动都是在特定的环境下进行的，体育活动离不开环境，没有环境便没有体育活动。幼儿园的运动环境显著影响幼儿的运动行为。[①]

一、HEPC 融合理论下幼儿园高质量运动环境的内涵

运动环境就是指幼儿园里影响幼儿进行运动或者受幼儿运动所影响的一切物质与社会条件，这些条件之间相互联系、相互制约、相互促进。高质量的运动环境能为幼儿提供各种各样的运动机会。幼儿园高质量运动环境主要包括四个方面：首先，有合理规划的空间。合理规划空间，是指教师要根据幼儿园场地的特性及实际情况，规划便于幼儿随时随地进行运动，且不影响其他设施正常使用的运动环境。其次，合理投放和利用器材。不同的器材能发展幼儿不同的运动能力，教师投放和使用器材必须指向幼儿发展。再次，教师合理的组织和专业的引导。幼儿园运动环境是属于幼儿的环境，教师对环境的创设需要基于幼儿的视角且给予幼儿充分的参与权。最后，培养幼儿高质量的运动能力。幼儿高质量的运动能力主要表现在以下四个方面：一是具有较强的动作学习力；二是具有勇敢、果断、坚毅等品质；三是具有较高的运动认知水平；四是在变化环境中自如应用

---

① 王磊，司虎克，张业安，等.国外关于体育空间和设施特征与少年儿童体育活动关系研究进展[J].体育学刊，2016(1): 80–86.

动作的能力。在幼儿园高质量体育活动中，幼儿、教师与环境之间的关系是相辅相成的（见图4-1）。幼儿并不是消极、被动地接受环境的影响，而是积极、能动地改变环境。幼儿在适应环境的同时，还可以改造环境，充分利用环境中的有利因素，克服并消除环境中的不利因素，创设一个良好的环境，以更好地促进自身发展。

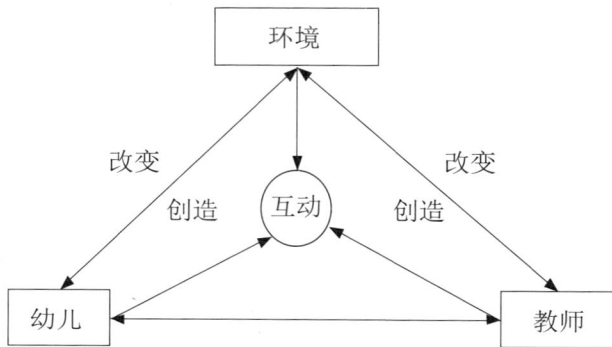

图4-1 教师、幼儿、环境之间的关系

HEPC融合理论下的幼儿园高质量运动环境，是指幼儿园运动环境以幼儿为中心，包含了健康性（healthy）、教育性（educational）、游戏性（playfulness）、文化性（cultural）等特征，环境创设过程中注重幼儿参与、幼儿感受和实用性。

二、HEPC融合理论下幼儿园高质量运动环境的功能

幼儿园高质量运动环境既是"运动场""游戏场"，又是"社交场""创造场"，同时，还是"挑战场"和"审美场"。这里的运动场主要是指高质量的运动环境能使幼儿发展动作技能，提升体能；游戏场则用来满足幼儿的游戏需求，体现自由、自主、创新、愉悦的游戏精神；社交能力是未来实现幸福人生的重要能力，运动环境是为幼儿服务的，不同个体在其中会产生不同的关系，所以，这也是一个社交场；幼儿的思维是活跃的、自由的，当面临不同的困境时，他们能够分析问题、解决问题，创造新概念、新事物，故而，高质量运动环境也是一个创造场；作为挑战场，这里可以

满足幼儿不断超越自我的需求；未来社会的发展以及培育健康的人格培养离不开审美，创新的基础和动力也是审美，高质量运动环境离不开识别美的慧眼，离不开美的构图、美的颜色、美的形状、美的语言和行为。特有的场域特征决定了其特有的功能。

（一）健康功能

高质量运动环境的健康功能，是指运动环境对于幼儿的身心健康具有重大影响。幼儿园运动环境是幼儿长期运动、学习、生活的环境，良好的环境与他们的身心健康关系密切。在一个卫生条件良好、安全且充满幼儿性的环境中，幼儿的身心健康必然能得到有效保障。

（二）导向功能

高质量运动环境的导向功能，是指运动环境可以通过各种环境因素激发幼儿主动产生一些动作技能，引发幼儿主动接受一定的价值观和行为准则，使他们向着幼儿园或教师所期望的方向发展。高质量运动环境是满足3—6岁幼儿身心发展的特殊需求和《3—6岁儿童学习与发展指南》的要求，集中体现了幼儿园特有的幼儿观、教育观和课程观，体现了幼儿园的育人期望。这些要求和期望渗透在幼儿园运动环境创设的各个环节中，形成了一种具有强大约束力的精神氛围，引导着幼儿的思想，规范着他们的行为，塑造着他们的个性。运动环境的这种导向功能对于幼儿的社会化具有十分重要的意义。

（三）激励功能

高质量运动环境的激励功能，是指运动环境不仅可以有效激发幼儿的运动热情和运动动机，提高他们运动的积极性，能从练习的高度、距离、重量、速度、时间、密度、次数等方面调控幼儿的运动负荷，更能让幼儿通过嵌入式的评价随时看见自己的进步，获得成功的体验，最终达到提高幼儿园体育活动质量的目的。

（四）陶冶功能

高质量运动环境的陶冶功能，是指运动环境可以陶冶幼儿的情操，净化他们的心灵，培育他们积极的个性品质，规范他们的行为习惯。幼儿的社会化过程总是在一定的社会环境中形成的，幼儿在其中学会了如何与他人友好相处，如何与自然相处，以及如何与自我相处。环境中渗透出的文化也在潜移默化影响着他们。高质量运动环境寓教育于生动形象和美好的情境中，通过有形的、无形的或物质的、精神的多种环境因素的综合作用，在潜移默化中熏陶、教育幼儿。

（五）凝聚功能

高质量运动环境的凝聚功能，是指运动环境可以通过自身特有的影响力，将来自不同班级、不同年龄段的幼儿聚集在一起，使他们对幼儿园环境产生归属感和认同感。运动环境是学习动作、发展动作、提升运动能力的专门场所，幼儿对于运动的渴望在这里可以得到最大限度的满足，他们的情感和禀赋、兴趣和爱好在这里能得到最佳发展。因此，幼儿园高质量运动环境对于运动欲望强烈、乐于探究、乐于冒险挑战的幼儿来说，具有极大的吸引力和凝聚力。

（六）审美功能

高质量运动环境的审美功能，是指运动环境有利于激发幼儿的美感，进而培养他们良好的审美力。中国青少年研究中心专家孙云晓认为，"不仅创新的基础和动力是审美，健康人格的培养也离不开审美"。具有良好审美观念和能力的幼儿，往往会对事物具有强烈的好奇心，从而发现和挖掘出自身更多的潜质与兴趣。高质量运动环境中场地设施的艺术性，和谐的色彩搭配，安全、温馨的氛围，支持、鼓励、加油的语言，互帮互助的行为等各方面都蕴涵着丰富的审美内涵，这一切都会对幼儿正确审美力的形成产生重要影响。

三、HEPC 融合理论下幼儿园高质量运动环境的创设目的

幼儿园高质量运动环境创设的核心在于激发幼儿的参与动机，幼儿的参与动机即参与意愿，参与意愿来源于自信心，自信心来源于自我效能感，自我效能感来源于幼儿对于自身运动能力和知识的认同和肯定。因此，高质量运动环境的创设关键在于：第一，让不同年龄段、不同水平的幼儿提升运动能力，获得成功感；第二，在这样的环境中，幼儿能够感受到他们对自身行为和环境的掌控；第三，能充分满足幼儿的好奇心，弥补他们动作或认知方面的问题。虽然幼儿园高质量运动环境创设的主体是教师，但是创设的视角、需求逻辑必须从幼儿出发。运动环境是为幼儿准备的，幼儿是环境的主人，幼儿的需求应该主导运动环境的创设，真正让运动环境符合幼儿的需求，支持、引导幼儿的学习与发展。

（一）帮助幼儿树立"我有"掌控感

"我有"主要是针对幼儿与外界事物的所有关系，表现了幼儿与资源之间的关系。幼儿的"我有"概念是通过与周围环境交互的过程中建立起来的。给幼儿提供具有安全感的物质环境和心理环境，可以让幼儿知道自己拥有什么。因此，教师需要与幼儿建立亲密的联结，并为幼儿提供稳定的照料和有效的情感关注，从环境和情感上给予幼儿一定的理解和支持。此外，教师要多为幼儿提供参与各种运动的机会，让幼儿有机会与他人接触，并建立联系，发展兴趣，从中获得宝贵的运动经验。

（二）协助幼儿建立"我是"认同感

"我是"建立在"我有"的基础上，表达了幼儿与自我的关系，强调主观的自我认同感与自我肯定，是比"我有"更加强大的自信与内驱力。"我是"是在一个更高的层面上接纳自己的一切，这就需要幼儿从小对自己的内在价值观，如自控力、自主性、自我成就感等建立正确的认知。高质量的运动环境，不仅能满足幼儿的好奇心、探究欲，还能让幼儿充分体验到努力后的成就感。

（三）辅助幼儿确立"我能"自信心

"我能"体现为幼儿与主观能动性之间的关系。幼儿是在运动过程中，通过与他人和环境的互动交流明白哪些事是自己能做的，哪些事是自己目前还做不到的，以及什么事是自己不能做的。这些都需要幼儿在不断经历、不断探索中洞悉，在运动中不断感受自我力量，探索解决方法和体验成功的喜悦。幼儿就是通过运动中的一件件小事，逐渐形成自信心、独立性、思考能力的。

第二节　HEPC 融合理论下幼儿园高质量运动环境的特征

HEPC 融合理论下幼儿园高质量运动环境作为一种特殊的环境，具有特殊的要素构成和环境特征。高质量运动环境具有"一场四性六式"的基本特征。

一、一个关系场

幼儿园运动环境是一个公共空间，在这个空间中所有的人、物、事都是环境中的一分子。运动让幼儿活跃起来，并产生联系，实现了人与人之间感情的连通，不同年龄、不同班级的幼儿在这里产生了连接，他们聊天、接触、运动，人与人之间信息的传递开始发生。师幼关系、幼幼关系、人与物的关系、物与物的关系等的产生不是随意的，而是有着一定的因果联系。幼儿园高质量运动环境不仅是一个关系场，而且是一个所有人、物、事都起着积极作用的关系场。在这个环境中，运动充分发挥了其所具有的社交功能。幼儿能够在这个运动环境中构建与自我的关系（我能做什么动作，我的身体能做什么，我应该怎么去做，我怎么安全地做等），与自然的关系（我怎么爬上这棵树，怎么过这条河，怎么快速地钻过这个山洞等），以及与他人的关系（我怎么加入他们的游戏，我们怎么合作把这个木箱搬到操场，他插队了我要怎么办，他有困难我应该怎么帮他等）。

二、四性融合

四性主要是指运动环境具有健康性、教育性、游戏性、文化性。其中，健康性是基础，是条件；游戏性是路径；教育性是核心；文化性是结果。文化性渗透于环境的健康性、教育性、游戏性之中，并通过环境的结构、形状、颜色、组合方式、呈现的内容、使用的过程与方法等方面表现出来。

（一）健康性

健康性是指幼儿园运动环境的结构与功能、类型与数量、颜色与形状、组合方式、使用过程与方法等方面，不但能促进幼儿身体发育良好、获得强健体魄，形成良好的运动习惯和基本的安全运动能力，还能激发幼儿愉快的情绪，满足幼儿在心理和社会适应等方面的多层次需求，促进幼儿心理和沟通、交流、合作等社会行为的健康发展，如表4-1所示。

表4-1　幼儿园高质量运动环境中健康性的表现方式

运动环境的基本属性	健康性表现方式	具体内容
结构与功能	动作发展的全面性 身体素质的全面性 身体部位的全面性 运动负荷的全面性 教育目标的全面性	三种类型的动作：身体控制与平衡类动作、身体移动类动作、操控器材类动作 六种身体素质：平衡素质、灵敏协调素质、力量素质、耐力素质、柔韧素质、速度素质 不同身体部位：上肢、下肢、腰腹、全身 不同强度运动：小强度运动、中等强度运动、大强度运动 三类发展目标：促进生理发展的运动、促进心理健康的运动、促进社会行为发展的运动
类型与数量	协调的动作 良好的社会行为	多元化内容：球类运动、民间游戏、挑战运动、创意运动 三种运动形式：单独练习、小组练习、全体练习
颜色与形状	适宜的感官刺激	两种需求：适宜的视觉刺激、视力保护 多种形状：圆形、长方形、正方形、椭圆形、不规则形状

续　表

运动环境的基本属性	健康性表现方式	具体内容
组合方式	创意创新思维 促进心理健康	三种搭配：增器材、减器材、零器材 三个要领：调控情绪的运动、发展个性的运动、提升适应能力的运动
使用过程与方法	规则教育 安全教育 习惯养成	两种规则：活动规则、社交规则 三类安全：自我安全、他人安全、环境安全 三种习惯：运动前习惯、运动中习惯、运动后习惯

（二）教育性

教育性是指教育者有意识地把教育目的渗透于幼儿园运动环境中的每一个细节，让幼儿在运动前、运动中、运动后自然而然地受到多种教育。幼儿园的运动环境不是一种自然环境或随意设置的环境，而是教育者根据教育目标，着眼于幼儿身心发展的需要而精心设置的适宜的教育条件。[①]不同的场地，有各自不同的特征，这也决定了不同场地要素的教育价值不同，如表 4-2 所示。

表 4-2　不同场地要素的教育价值

场地要素	场地特点	教育价值
地形	变化多样	探索、挑战、冒险、应变能力
植物	体现生命、成长	细致、关爱、欣赏、坚忍
水	亲和、变幻	亲近、温和、谦逊、包容
沙、土、泥	质朴、可塑	自信、敢于失败、创造、耐心
石头	坚硬、多变	坚强、果断、挑战、勇敢

不同类型器材具有不同的性质，其教育价值也不一样，如表 4-3 所示。根据不同的教育目的选取不同类型的器材能有效促进幼儿发展。

表 4-3　不同类型器材的教育价值

器材类型	器材名称	器材特点	锻炼目标	教育价值
滑落与滚动类	滑梯、滑索	参与形式单一、有人数限制	平衡素质、控制能力	纪律、谦让、勇敢

---

① 杨枫. 幼儿园教育环境创设与玩教具制作 [M]. 北京：高等教育出版社，2006.

续　表

器材类型	器材名称	器材特点	锻炼目标	教育价值
攀爬类	攀爬架、绳索、拱笼、爬杆、螺旋梯、横梯	参与形式、类型多样	灵敏协调、柔韧、耐力、速度、力量	自信、勇气、挑战
互动类	秋千、跷跷板、转椅	参与性、合作性强	互助感、责任感	沟通、交流、合作

运动中的规则与要求，运动后器材的搬运、整理、放置以及反思活动都是教育的契机（见图4-2、图4-3）。

图 4-2　运动后器材的整理与反思

幼儿园的外墙、班级内的墙饰都是体现教育理念的场所。在教育幼儿的同时，教师、家长等也能得到相应的启迪。

图 4-3　墙饰的教育性

（三）游戏性

游戏性是指教师把情境、目标、奖励、竞赛、选择、挑战、合作、及时反馈等多种游戏元素充分地融入幼儿园运动环境中，让环境变得更有趣、更好玩，以满足幼儿运动与游戏的需求。其核心在于给予运动中幼儿高度的自主感。具有游戏性的运动环境，在结构上是开放的，在任务指向上是发散性的，允许幼儿在运动中按照自己的想象、意愿与需求，把自己的意图和方式作用于环境，以自己的个性特点与同伴交往互动。拥有游戏性的运动环境能够赋予幼儿成功感，能够增强幼儿在运动中的自我效能感和自信心。游戏元素及其在运动环境中的具体表现如表 4-4 所示。

表 4-4　游戏元素及其具体表现

游戏元素	具体表现	游戏元素	具体表现
情境	贴近幼儿生活经验的情境 贴近幼儿熟悉的经验情境 贴近幼儿认知水平的情境	选择	拥有场地、器材的选择权 拥有玩法、玩伴的选择权 充分利用选择的不确定性
目标	依据"最近发展区"设置目标 让每个幼儿都有自己适宜的目标	挑战	挑战动作技能、挑战参与人数 挑战心理压力、挑战智力水平
奖励	外部奖励：小红花、贴纸、手环等 内部奖励：成功体验、能力提升、愉悦的情绪、自由自主的感觉、身体需求的满足	合作	不同个体的合作 不同人数的合作 不同任务的合作 不同环境的合作
竞赛	与自我的竞赛、与他人的竞赛 动作技能与身体素质的竞赛 单人与团队的竞赛 创意竞赛	反馈	排行榜、积分、奖章、闯关级别、实时反馈与目标的差距、已经完成的项目、可进行的项目、剩余的时间、同伴的表现

（四）文化性

文化性是指环境的颜色、功能、形状、结构等组合方式，以及在具体的活动过程中所表现出来的文化特色，对于幼儿园运动环境建构起着指引性作用。运动环境是幼儿园文化品位、运动教育理念、课程图景的反映。幼儿园从本地区、本国历史文化资源中吸收与借鉴符号元素，以突出幼儿园运动环境中的"文化性"特征，构建重要的文化内涵与场所精神，有助于设计环境与幼儿间形成良好的互动与共鸣。

器材的摆放、整理小贴士把教育与规则融为一体，彰显在每一个细节中（见图 4-4）。

图 4-4　教育与规则融为一体

文化还表现在师幼的言行举止等外显行为上。例如，幼儿的行为表现是否活泼、自信、大方，是否善于与人沟通交流，是否善于展示自我，见到教师和陌生人是否会主动打招呼等。

三、六式环境

（一）生活式环境

生活式环境是立足于幼儿运动的内容和路径而提出的。幼儿园高质量运动环境创设依托于幼儿的日常生活，要把运动知识与技能充分地融入生活中，充分发挥"生活即教育"的教育理念。依托生活体验，创设运动情景，让幼儿在运动中走进生活，融入生活。选取幼儿熟悉的、喜欢的、贴近生活的运动内容。运用多媒体技术的光、声、色效果，创设快乐的田间劳动情景，在体育活动中再现生活情景，使抽象的教学内容具体化。让幼儿收集生活中的各种废弃物，并充分利用幼儿园现有的路肩、植物、沙土地等开展多样化的运动，既达到锻炼身体的目的，也培养了幼儿的环保意识，充分激发了幼儿的创新能力，同时还能让他们感受到幼儿园里"没有不能运动的空间""没有不能运动的器材"。

（二）开放式环境

开放式环境是从幼儿在环境中的自由度、掌控感视角提出的。开放式运动环境是以开放、自由、互动为前提，结合幼儿特点、发展目标、已有资源，提供充分的运动场地、丰富的器材和适宜的内容，引导幼儿按照自己的意愿和能力进行自主运动的环境。根据"开放与互动——随时玩"和

"宽松与自主——大胆玩"两个原则，打破区域边界，促使区域联通，幼儿可以选择自己喜欢的区域进行运动，充分体会到身体和精神的自由。幼儿园开放式运动环境体现了尊重与关爱、包容与接纳、支持与激励的特点。激励性不仅体现在提供适宜的场地、器材上，更体现在精神环境创设上。在开放式运动环境中，幼儿是在一种安全的心态下进行运动的，不仅满足了幼儿身体运动需求，还满足了幼儿身体表现需求，以及身体创新需求。

（三）邀请式环境

邀请式环境是立足于幼儿身心发展的需要而提出的。邀请式环境以主动性教育模式培养幼儿主动学习的愿望和学习能力，充分发挥环境对人的影响力，引导幼儿主动地、投入地学习。邀请式环境具备良好的包容性和灵活适应性，能够以丰富的空间和平等、自由、舒适的氛围充分支持幼儿的各种运动、社交活动，并从中引导和培育非常规学习行为。邀请不只是一种外在姿态，更是内在尊重。幼儿是"环境"邀请的客人，可以在环境中得到满足与提升，通过这样的"邀请"建立了幼儿与环境的交互关系。虽然环境不会开口说话，但是能通过空间布局、组合方式、颜色呈现来邀请幼儿参与其中。唤醒理论认为，环境中的各种刺激都会引起人们的心率加快、肾上腺素分泌增加等，使得身体的自主反应活跃，从而引起人们的情绪变化。环境中的许多因素都能引起个体的反应，适宜的声音、形状、颜色等刺激会提升幼儿的唤醒水平。

（四）经验式环境

经验式环境是基于幼儿学习特点和发展的连续性而提出的。主要表现在创设不同难度的环境，为不同动作发展水平的幼儿提供相应的支持性环境，并能够进一步激发幼儿的运动潜能。幼儿的经验是在与客体世界的相互作用中不断建构起来的，幼儿每次的成长都会从过去的经验中吸收某些东西，同时又以某种方式改变着未来经验的性质，使过去的经验和正在经历的体验形成新的经验。此时，幼儿既能感受到自己对环境的掌握力，也能体会到有时需要改变自己的动作或克服心理压力，或在同伴和大人的帮助下适应环境。幼儿不断地积累多种经验，也在不断地突破自己的原有经验，获得成长。

用环境把幼儿过去、现在、未来的动作发展贯穿起来。有为动作初学者提供的环境，有促进动作水平提高的环境，有适合动作熟练者创新与挑战的环境；有适合身体素质水平较差的幼儿的环境，有适合身体素质水平提高的环境，有适合身体素质水平较高的幼儿的环境；有个人运动环境，有小组合作环境，还有集体合作环境；有体能挑战环境，有智能挑战环境，还有团队挑战环境。在这样的环境中，能让幼儿看见自己过去的水平、现在的水平，以及未来即将到达的水平，让幼儿充分地感受到自己的进步与发展。在环境中要善于创设合理性挑战，以激发幼儿不断挑战现有发展水平，从而向更高水平发展，支持幼儿与环境发生持久、深入、复杂的互动。

（五）对话式环境

对话式环境是基于幼儿的主体性而提出的。对话式环境，就是指能为幼儿提供场地、器材等物理环境，与教师、同伴等他人，以及与自己在民主、平等、自由、信任的氛围中，采用多种方式沟通交流的环境。佐藤学认为，快乐的学习是走向"对话"。对话除了人与人之间的语言交流外，还包括肢体、眼神等非语言交流，以及人与文本的交流。这种对话是建立在民主、平等、自由、信任基础上的对话主体间的交流与分享。对话式环境具有互动性、动态性、整体性、个体差异性、发展性，以及平等性。其中，平等性是其创设的前提。平等性环境充满着全纳意识，能回应所有幼儿的共同需要。

（六）反馈式环境

反馈式环境是基于幼儿自我评价的视角提出的。反馈式环境是指在进行体育活动时，幼儿能够从所处运动环境的物质条件、社会条件中获得与自身运动能力发展水平相关的信息。这些信息不仅包括自身的运动水平，还包括自身可能达到的目标水平或尚不能达到的目标水平等。每次运动中和运动后，幼儿的学习和发展水平都能得到及时的反馈，使幼儿既了解了自己的现有水平，还能看见未来的发展目标，为发展提供动力。首先，反馈式环境要帮助幼儿在运动环境中形成积极的情绪。幼儿在运动环境中克服困难或完成挑战后，可从内部或外部获得积极正向的反馈，内心产生快乐的情绪或满足感。这种愉悦的情绪可以激发幼儿持续参与运动的热情，使幼儿敢于尝试挑战，突破自我，建立自信心。其次，反馈式环境要具有一定的挑战性。在运动环境中适当设置一些问题情景，适度创造与幼儿年龄相适应的"困难"。适宜的挑战，会使幼儿不断体验到参与运动的快乐，获得不同程度的成功经验，以促进其自我效能感的提升。反馈式运动环境不仅仅关注幼儿、教师以及器材本身，还关注它们之间的关系是否健康、和谐、有序。反馈式运动环境是幼儿会说话的教师、朋友，在幼儿参与运动时给予幼儿不同的回应。

幼儿园运动环境是环境里面的人、物之间都发生着关系的场域，这个场域是基地，是平台。同时，高质量运动环境还需要能满足幼儿运动学习与发展需求的生活式、开放式、邀请式、经验式、对话式、反馈式等六种环境。当强调运动生活化，便有了生活式运动环境；当赋予幼儿自由感和掌控感时，开放式环境呈现了；当强调推动幼儿主动学习时，邀请式环境出现了；当强调幼儿学习与发展的连续性时，经验式环境就凸显出来了；当表现幼儿与环境的互动时，对话式环境应运而生；当强调幼儿自我评价时，反馈式环境提供了空间。最理想的高质量运动环境包含了这六种形式，当然也可以是其中几种的混合。

第三节　HEPC 融合理论下幼儿园高质量运动环境的创设模式

HEPC 融合理论下的高质量运动环境包括教师主导、师幼共建、幼儿自主创设等三种不同方式。

一、教师主导下的环境创设

由于幼儿动作发展处于功能性水平，动作从不会到会的过程需要教师主导。这也是 HEPC 融合理论下幼儿园高质量运动环境创设的第一阶段。幼儿动作发展有四种较为显著的方式：一是主动模仿他人的动作；二是自我探究；三是成人教授，幼儿被动学习；四是在成人的帮助下主动学习。不同的动作需要采用不同的方式学习。有些动作，比如攀爬、滚翻等幼儿可以通过自我探究获得，这时候只需要教师创设相应的环境，提供符合幼儿人体工程学原理的场地与器材。有些动作，比如跳绳、跳皮筋等具有一定挑战性，则需要教师进行相应的指导。无论是直接获得还是间接获得，教师主导下的环境创设是这一时期促进幼儿动作发展的关键，教师主导更利于幼儿习得相关经验。当然，这一阶段并不排斥师幼共建和幼儿自主创设环境，只不过所占比重有限。根据幼儿动作发展水平需要，不同的创设方式所占比重如图 4-5 所示。

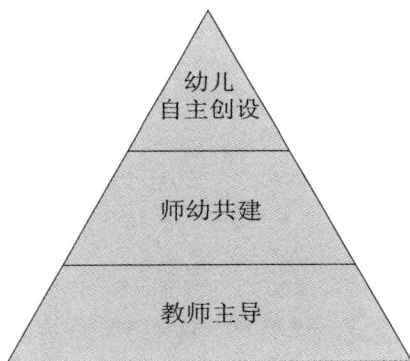

图 4-5　功能性水平阶段运动环境创设的方式

二、师幼共同创设环境

当幼儿动作处于表现性水平时，其主要是要学会如何使用经验，这时以师幼共商、共建为主的环境创设更有利于培养幼儿的自我意识。随着幼儿动作水平的提升，环境的创设逐渐由教师主导变为师幼共建为主。但由于幼儿创设环境的经验有限，还需要在教师的带领下逐渐积累场地选取、器材使用、人员配合、安全防范、规则制定、区域组建等方面的经验。表现性水平阶段运动环境创设的组织方式中，教师主导、师幼共建、幼儿自主创设等三种形式都存在，但所占比重不同，一般而言为 2：6：2。当然，这个比重并不是一成不变的，它会随着幼儿能力的提升而变化（见图 4-6）

图 4-6　表现性水平阶段运动环境创设的方式

三、幼儿自主创设环境

随着幼儿越发熟练地掌握动作，此时他们的动作发展处于社交性水平，主要是为了社交而进行相关运动。幼儿具备多种运动经验，具有较强的掌控感与自由感，能够在自主活动中自如地运用与创新经验，构建新概念。在保障安全的条件下，教师可以完全放手，把环境交给幼儿，让他们自主去创设环境。

第五章 幼儿园高质量运动环境的构成要素

第一节 "幼儿立场"的空间布局

空间布局是指运动设施在幼儿园范围内的空间分布与组合，是运动环境建设的重要条件。运动环境的布局不仅要考虑全园性的布局，还要注意各区角、墙面等狭小地带的布局。整体性布局需要考虑三个问题：第一，是否有利于空间的动态发展？第二，是否有利于幼儿与空间的互动？第三，是否有利于设施与空间的使用？使用现有场地设施拓展运动空间，实现空间的立体布局，不仅经济、有效，层次感分明，还能让幼儿有较好的体验感。

一、空间大小

空间大小会影响幼儿的行为。空间布局需要考虑幼儿个人空间的心理舒适度，避免太多刺激、过度唤醒所带来的应激反应，保证私密度，避免距离太近带来的身体攻击。

二、空间的私密性

空间的私密性不仅有助于幼儿建立认同感，还有助于培养幼儿的自律性，从而增强其独立性和选择意识。设计环境需要考虑不同个性的幼儿对私密性与感受性的不同要求。

三、空间密度

空间密度主要从拥挤程度反映出来。拥挤会影响幼儿的心理感受、情绪，进而影响他们的行为，使他们出现攻击、退缩等行为。在一定拥挤的情况下，男孩的攻击性会增加。如果有足够的玩具分给幼儿，即使是在高密度条件下，他们也不会做出攻击行为。

四、空间的熟悉度

幼儿会经常在熟悉的地方进行运动与游戏，在幼儿熟悉的地方进行合理的空间分布与组合是非常有必要的。

五、空间"留白"

环境中的"留白"即为"空"。"空"是一种隐喻，环境的丰富不是指"满"和"多"，而是幼儿在其中能够自由自在，有探索和创造的无限可能性，因而，给幼儿留下一个他们可自我掌控的空间有助于创造力的发展。幼儿不仅是运动环境的使用者，更是高质量运动环境的建构者。师幼在建构运动环境的过程中，相互滋养、相互赋能、相互成长。

第一，场地留白。把场地的选择、规划和使用权交给幼儿，让他们自己商议如何使用。

第二，器材留白。把器材的选择、使用权交给幼儿，让他们来决定如何选取和怎么使用。幼儿自己投票决定要用什么器材，然后根据他们的需要来改进。

第三，玩法留白。玩什么和怎么玩由幼儿自行决定。

六、空间美感

（一）线条布置

场地设置采用的线条也是体现环境教育性的一个重要元素。[①] 圆形使人感觉柔和，三角形给人以安定感，交错线显示出激荡等。所以，不同的线条给人不同的感受（见表 5-1）。

表 5-1　不同的线条

线形	心理感受	线形	心理感受
圆形	柔和	曲线	柔和、优美
方形	刚劲	波状线	轻快、流畅
正三角形	安定	交错线	激荡
倒三角形	倾危感	平行线	安稳、开阔
高且窄的形状	险峻	直线	刚劲有力
宽且平的形状	平稳	竖线	挺拔

（二）空间形式

各种形式因素相互联系、组合，构成不同的形式美。

单纯、齐一。单纯、齐一是最简单的形式美。例如，一望无际的草原给人敞亮、奔放的感受，杂乱无章的陈列则会让人心生烦躁。

对称、均衡。对称是指以某一条线为中轴，其左右或上下两侧均等排布。对称使人感到安静、稳定。均衡是一种有变化的对称，特别是当形态和体量不完全等同的物体在特定的空间中放在一起时，对称就是求得一种平衡。

调和、对比。调和、对比是矛盾的两种状态。调和是指不同事物趋于一致，使事物之间更和谐。对比则是不同的事物相互映衬，更体现出差异性。例如，"接天莲叶无穷碧，映日荷花别样红"，以荷叶之绿衬托荷花之红。

比例。比例是事物整体与局部或事物组成部分之间的相对尺度关系。例如，人们常说的"黄金分割比"。

---

① 余维君. 徽派建筑的艺术特色与审美评价 [J]. 池州学院学报，2018, 32(5): 112–114.

节奏、韵律。节奏是指有次序的连续，是事物随时间的变化和事物内在性质强弱的规律性变化而形成的运动过程。这里的节奏、韵律不单指音乐，而是指所有有节律的事物变化，如高山低谷、海浪翻滚等。

多样、统一。多样是指事物的多样性，统一则指各种事物的共性和整体性。在大环境中，不同的部分组合在一起，美就存在于整体的多样性中。整体中有主有从，主从协调，达到完美的统一。

第二节　高质量运动环境中的运动设施

运动设施是构成幼儿园运动物质环境的主要因素，是幼儿运动的物质基础。一个充满"幼儿性"的运动设施意味着它符合幼儿的身心特点，在创设上符合幼儿的生理、动作、体能等特点和认知节奏，同时，还能满足幼儿的情感、社会交往、个性品质等多种诉求。高质量运动环境中的运动设施不仅仅局限于"幼儿性"，还需要满足能充分激发幼儿适宜的动作技能的条件。高质量的运动设施不仅通过自身的完善程度制约和影响着体育活动的内容和水平，而且以自身的一些外部特征对幼儿产生不同的影响。

一、运动设施与动作模式的关系

幼儿阶段是幼儿身体发育和机能发展极为迅速的时期，同时也是形成多种基本动作技能的关键时期。基本动作技能是幼儿有效完成各类动作的基础，也是幼儿探索环境、获取关于周围世界的知识的重要手段和途径。

运动设施是幼儿参与体育活动的基础，运动设施的投放直接影响到幼儿参与活动的积极性和动作技能水平。

有研究通过测试被试在自然状态下的立定跳远动作和在目标物引导状态下的立定跳远动作发现，与自然状态下幼儿立定跳远的距离相比，在目标物引导状态下，幼儿的立定跳远距离更长；在目标物引导状态下，幼儿的立定跳远动作特征也相应发生改变，主要表现为幼儿的起跳角度和腾空时的髋关节角度、膝关节角度减小，而蹬伸时间和离地瞬间踝关节角度增大，表明有目标物引导可以使幼儿的立定跳远动作模式更加合理。[①]

李佳斌在《3—6岁儿童投掷动作发展及其影响因素探究》一文中，通过分析比较幼儿使用网球和沙包两种不同类型的投掷物进行投掷时的动作模式发现，将投掷物从网球换成沙包，幼儿仅在上手投掷这一动作类型发生了细微变化，整体的投掷动作类型没有发生显著变化。但通过分别分析不同性别幼儿的投掷动作发现，男孩和女孩的动作都发生了显著变化。其中，可以推断女孩的动作发展水平较低，更容易受投掷物器材的影响。[②]此外，在投掷活动中，球的尺寸、形状和重量也是影响投掷动作模式的因素[③]。

二、运动设施分类

（一）摇荡式器材

摇荡式器材可以发展幼儿的身体控制能力与平衡能力，以及前庭器官，增加身体体验感，提升心理感受力。这类器材摆动角度不大，有站立式，也有坐式。主要包括秋千和旋转类器材，其中，秋千包括轮胎秋千、网兜式秋千、连体秋千、前后秋千、软梯秋千、球体秋千等（见图5-1）。

图 5-1　摇荡式器材

① 刘胜军.幼儿立定跳远动作发展特征及目标物引导对其影响[D].北京：北京体育大学，2016.

② 李佳斌.3—6岁儿童投掷动作发展及其影响因素探究[D].金华：浙江师范大学，2015.

③ Southard D. Mass and velocity: Control parameters for throwing patterns[J]. Research Quarterly for Exercise and Sport, 1998(4): 355–367.

（二）滑动式器材

滑动式器材主要指各种滑梯。滑梯通常有四种类型：平直式、螺旋式、波浪式和筒状式。下滑时又分为单滑、双滑、螺旋滑和曲线滑等，用以发展幼儿身体控制能力，以及增加幼儿体验感（见图5-2）。

图 5-2　滑动式器材

（三）回旋式器材

回旋式器材有站立式和坐骑式两种。多为圆形，需要他人在旁边推动旋转，速度不会太快，可以随时停止，安全性好，主要促进前庭器官、身体控制能力、平衡能力等发展。有木制、钢制和塑料制，可以同时容纳多个幼儿，如旋转木马、转伞和风车等（见图5-3）。

图 5-3　回旋式器材

（四）攀登式器材

攀登式器材多用于锻炼竖向攀爬动作，从低矮的攀爬架（高约2厘米）至5—6米的爬杆，种类繁多。常见的有短钩状、扭曲状、树杈状、向日葵状以及各种动物形状的钢、木、混凝土等不同材质的攀爬架。攀登式器材多与其他游戏项目组合在一起，主要用于发展幼儿上肢力量、腰腹力量、灵敏协调性等（见图5-4）。

图5-4 攀登式器材

（五）起落式器材

起落式器材是较为传统的设施类型，主要为跷跷板，锻炼幼儿的平衡性和培养合作精神。

图5-5 起落式器材

（六）悬吊式器材

这类器材主要有单杠、双杠、水平爬梯等，用来发展幼儿的上肢力量、身体控制能力，培养他们勇敢、坚忍等优良品质。

图 5-6　悬吊式器材

（七）垫子类器材

各种大小、软硬、高低的垫子，不仅可以用来做安全保护器材，其本身也是活动器材，比如，放在地面上可以用来做拖车，立在地面上可以用来当迷宫、躲避墙。主要用于增强幼儿的自我保护意识，培养创新能力，促进翻滚、爬行等动作技能发展（见图 5-7）。

图 5-7　垫子类器材

（八）组合式器材

组合式器材把不同功能的器材组合起来，可减少用地。主要有高低结构器材组合、低结构器材组合、高结构器材组合。这些器材可以激发幼儿的运动兴趣，促进攀爬、悬吊等动作发展，以及上肢力量、腰腹力量等，培养勇敢、自信等优良品质。

1. 高低结构器材组合

高低结构器材的组合方式可以充分燃起幼儿对运动的兴趣与探索欲望。大型运动器材与梯子、木板、绳网搭配起来，不仅增添了挑战性与冒险性，而且激活了大型运动器材的生命力。幼儿可以自主创设环境，他们会体验到不同器材的结合方式不一样，其运动价值也不一样。

2. 低结构器材组合

低结构器材没有具体的、固定的结构与玩法，可以由幼儿任意组合。比如，沙、土、泥、纸箱、木板、木块、布条、布袋。

3. 高结构器材组合

高结构器材即为结构固定、玩法固定的器材，包括桌子、椅子、梯子、自行车、秋千、荡桥等。高低结构器材可以相互转换，比如梯子单独使用时属于高结构器材，当它与木板、轮胎、木箱搭配时，又成了低结构器材。

（九）骑行类器材

骑行类器材主要有推车、单人车、双人车、滑板车、平衡车、货拉车等。主要发展幼儿骑行技术，促进身体协调能力、反应能力、耐力等发展。

（十）球类器材

球类器材主要包括跳跳球、篮球、足球、网球、竹篾球、纸球、布球、大龙球、保龄球。主要用以激发幼儿对各类球类活动的兴趣，发展踢、拍、扔、接等基本的操控性动作技能，以及手眼协调、眼脚协调等身体控制能力。

（十）自制器材

自制器材就是由个体自己制作的运动器材，主要包括竹车、竹球、竹梯、竹跳栏架等。主要发展幼儿的观察与动手能力，培养环保与节约意识。

第三节　高质量运动环境的地形地貌

幼儿园高质量运动场地主要包括地形、植物、沙、土、泥，石头，水体等灵活而有趣的元素。

一、地形

地形是场地的骨架。设计良好的场地会让幼儿的想象力得到最大限度的发展。要为幼儿营造新鲜、有趣的运动场地，鼓励他们去探究环境，发展空间能力。

二、植物

植物可以呈现出丰富的景观外形，营造出独具特色的场地特征，既能美化环境，遮阳避雨，吸尘降噪，还能为幼儿提供游乐场所。

在乔木、灌木和松软土地区域，幼儿的体育活动水平较高，平均步速为 17.7 步 / 分。[①] 乔木和灌木区域能有效激发幼儿的体育活动欲望，草坪和林地环境会显著提高幼儿的中高强度身体活动水平（见图 5-8）。[②]

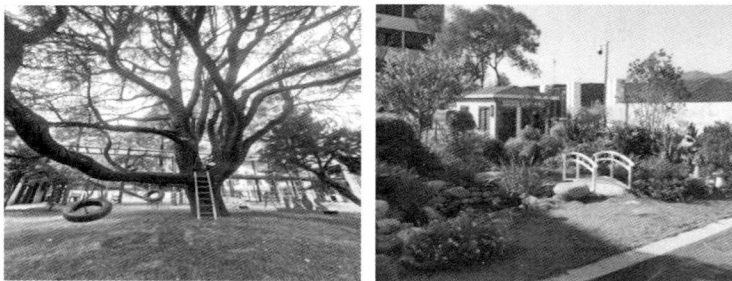

图 5-8　乔木、灌木和松软土地区域

[①]　Boldemann C, Dal H, Martensson F, et al. Preschool outdoor play environment may combine promotion of children's physical activity and sun protection: Further evidence from Southern Sweden and North Carolina[J]. Science and Sports, 2011, 26(2): 72–82.

[②]　Pagels P, Raustorp A, Deleon A P, et al. A repeated measurement study investigating the impact of school outdoor environment upon physical activity across ages and seasons in Swedish second, fifth and eighth graders[J]. BMC Public Health, 2014(14): 803–811.

枯树、木墩这些自然、原始的物体，既为幼儿多种动作发展提供了可能性，也让幼儿体验到了冒险与挑战（见图5-9）。

图 5-9 枯树、木墩

三、沙、土、泥

沙、土、泥这类易造型或改造的元素是运动环境中较为常用的，对幼儿来说，是想象力和创造力的重要载体。与攀爬架搭配起来，既可让幼儿有安全感，也能激发他们的运动冲动。

在沙地里放上挖掘机，可激发幼儿的劳动与探索欲望。需要注意的是，挖掘机不可过多，否则容易引发安全事故。

四、石头

石头具有朴实、坚强、硬朗、结实等特征。活泼、灵巧的小石头能锻炼幼儿的精细动作；敦实、淳朴的大石头能让幼儿有爬上爬下、跳上跳下的体验感。不同造型的石头能激发幼儿不同的动作。石中探宝也是幼儿喜爱的活动。

五、水体

水体是多变的、柔和的、易亲近、感知性强的。水具有极强的包容性，遇到不同环境时能及时调整改变自我的形状、流速以适应环境，这些品质都值得幼儿理解与学习。

蜿蜒曲折的小溪，小岛上的帐篷都让幼儿无限向往。快活的小鱼会让小溪变得生机勃勃，幼儿可以在水里网鱼、摸鱼、抓泥鳅。

六、坑道

下沉的坑道能激发幼儿无限的想象（见图 5-10）。

图 5-10 下沉的坑道

坑道、爬网、攀爬墙融为一体，提高了场地的利用率，为坑道游戏提供了多种可能性（见图 5-11）。

图 5-11 坑道、爬网、攀爬墙融为一体

七、山洞

山洞的存在为环境增添了一丝神秘感，军事野战常常因此而展开。一个简单的山洞可以变成一座坑道，也可以变成一座小山。

在山洞口加上长绳、软梯，幼儿又可以开始新的挑战（见图 5-12）。

图 5-12　山坡上的洞洞

八、坡体

坡体可以让幼儿体验到飞驰而下的感觉，不同器材的下滑速度不同。

九、地面材质

触觉是幼儿认识事物的重要途径，让幼儿触摸不同材质的表面，能够促进其大脑发育。不同的材质有不同的特性。[①] 树屑铺垫在地上，地面就有了自然、野趣的性格（见图 5-13）。

图 5-13　铺在地上的树屑

---

① 侯涛. 从发展的角度探析儿童娱乐产品设计 [D]. 北京：北京理工大学，2014.

如果在大型器材下面铺上沙子，沙子松软、细腻的特点会让玩耍中的幼儿更具有安全感。

在选择运动器材的材质时要注意：（1）既要考虑各种材质的特性，也要考虑到幼儿的发展和安全，尽可能使用不同材质的运动器材，使幼儿在运动中不仅能够体验快乐，还能够区分不同的材质。（2）注意幼儿喜好。幼儿天生喜欢柔软、温暖的材质，如绳子、木头等，所以要多选用柔软、温暖的运动器材。（3）要考虑安全因素，在地面可以使用一些木质的运动器材，防止打滑，木制的运动器材一般都是抗虫的或者不易腐烂的。护栏和扶手可以选择光滑的金属材质，其表面应该刷漆、镀锌或者使用其他方法防止生锈。为了避免幼儿在接触运动器材时产生不愉快的感觉，所以在夏季和冬季的时候可以在金属上面包裹一些布条。

第四节　回归自然的色彩

颜色是视觉系统接受光刺激后的产物，不同颜色会带给人们不同的感受，引发不同的行为反应。合理的色彩搭配对幼儿视觉疲劳的缓解和教学质量的提高大有益处。

一、冷色调配色

冷色调使人感到镇定。蓝色和绿色是大自然中最常见的颜色，也是自然赋予人类的最佳心理镇静剂。冷色调可以使皮肤温度下降。此外，它们还可以降低血压，减轻心脏负担，缓和紧张情绪，使人平静。如果完成任务需要创造性和想象力，蓝色或其他能诱发趋近动机的颜色更合适。幼儿常常是在运动器材上挑战自我，需要保持冷静和情绪稳定，适宜的蓝绿配色对幼儿视觉疲劳的缓解和活动质量的提高大有益处。

二、暖色调配色

暖色调更具刺激性，可以激发个体的活力。对于需要个体保持警觉性的任务，红色、黄色比较合适。

黄绿配色：不同明度的黄色与绿色搭配，能让参与者有初春、深秋的感觉。

绿黄灰配色：清新的绿色，加上明快的黄色，充满生机且清雅的感觉扑面而来。

红黄搭配：大块的黄色，点缀一些红色，能让人有积极向上、豁然开朗的感觉。

第六章　幼儿园高质量运动环境的创设

第一节　幼儿视角下的运动环境

关注幼儿视角，从幼儿的角度出发探究幼儿户外运动环境的偏好，是高质量运动环境创设的基本要求。

传统的研究方法往往注重成人的主导地位，幼儿只是扮演被研究者、研究对象等角色，幼儿的看法和观点未必有机会得到表述。英国学者克拉克和莫斯在 2001 年提出的"马赛克方法"，是一种倾听五岁以下幼儿心声的具体框架，目的是在倾听幼儿对早期教育机构看法的基础上改进早期教育服务。[①] 马赛克方法具有交流模式的多样化、反思主体的多元化等特点，正逐渐成为解决幼儿参与研究难题的有效方法。它不是一种单一的方法，而是包括观察法、访谈法等传统研究方法和参与式研究方法在内的多种方法的结合，其中，参与式研究方法是马赛克方法的核心研究方法，强调让幼儿用自主摄影、儿童之旅、地图制作、图片选择等方法积极参与到研究中来。[②] 该方法通过多种研究工具来获取幼儿的经验或看法，每一种工具获取的信息都形成一片"马赛克"，将它们放在一起，就构成了有关幼儿及其看法与经验的完整图画。[③] 本研究在杭州市某区 10 个幼儿园里随机抽取中班、大班各一个，采用马赛克方法共调查 4—6 岁幼儿 674 名，以了解幼儿的运动环境偏好。

---

①　刘宇. 儿童如何成为研究参与者："马赛克方法"及其理论意蕴 [J]. 全球教育展望，2014, 43(9): 68–75.

②　陈晓红，李召存. 马赛克方法：实现儿童参与研究的好方法 [J]. 幼儿教育，2015(18): 33–37.

③　刘宇. 儿童如何成为研究参与者："马赛克方法"及其理论意蕴 [J]. 全球教育展望，2014, 43(9): 68–75.

一、户外运动环境中重要他人偏好

（一）同伴

伴随着幼儿共同游戏经验的积累，早期童年友谊关系逐步形成。幼儿从小班到大班，随着交往的深入逐步出现以性别为基本单位、非常稳定的早期友谊关系。[①] 幼儿更喜欢与同龄同伴开展游戏。[②] 幼儿是爱交际的，他们想要加入、参与小组活动，并成为小组中的一部分。[③] 调查发现，"同伴参与"出现的频率最高，说明同伴参与对于幼儿户外运动具有重要作用。绘画调查中，45 幅绘画作品中的 35 幅出现同伴；在访谈中，"好朋友""XX（朋友的名字）"出现的频率也较高。大部分幼儿表示喜欢参加户外运动的原因是"可以和好朋友一起玩"。针对自主拍摄的访谈中，幼儿对于"我喜欢的"这一主题拍摄的照片中也包含了同伴。在观察中研究者也发现，几乎所有幼儿都是以两人或两人以上的群体进行户外运动的。在幼儿眼中，同伴之间主要是彼此陪伴关系、合作关系、竞争关系。此外，还发现幼儿在参与带有竞争与比赛性质的活动时更倾向于选择能力强的同伴；在参与合作性的活动时更倾向于选择自己的好朋友。还有部分幼儿喜欢独自玩耍且不喜欢和同伴交换器材。

（二）教师

在户外运动中教师往往扮演着多重角色，并根据不同的活动、不同的区域进行转换。在绘画和自主拍摄测试中，幼儿几乎没有提及教师，但在访谈中，当被问道"在体育活动中最希望教师做什么"的时候，43% 的幼儿表示"最希望教师和我们一起玩"，19% 的幼儿"最希望教师教我们怎么做"，14% 的幼儿"希望教师监督我们"，其余幼儿表示希望得到教师的帮助、提醒和表扬。可以看出，幼儿理想中的教师角色为合作者，其次为指导教学者。周祥佳通过比较幼儿视角下实际和理想的教师角色发现，幼儿

---

① 林兰，金香君. 学前儿童同伴文化生成路径的民族志探究 [J]. 学前教育研究，2022(4): 28–46.

② 张莉，李春良. 从儿童视角看幼儿喜欢的游戏——以大班幼儿绘画作品调查为例 [J]. 福建教育，2015(46): 29–31.

③ William A C. We Are Friends, Right?: Inside Kids' Culture [M]. Washington: Joseph Henry Press, 2003.

认为教师扮演控制者的频率最高，其次是管理者和旁观者，支持者和合作者的频率最低。而在幼儿期待的教师角色中，频率最高的是合作者，其次是旁观者和支持者，最低的是管理者和控制者。[①] 这说明现实和理想中教师的角色存在较大差距。在幼儿园户外运动环境中同伴和教师是两个非常重要的参与主体，教师积极参与运动对幼儿来说具有重要意义。教师要从创设宽松的环境、投放有效的器材、满足幼儿的需要这三方面理性支持幼儿户外自主运动，发挥户外运动应有的价值，真正提升每个幼儿的体验，让户外运动环境可以真正成为幼儿自主探索、自主运动的乐园。[②]

二、户外运动环境中情感体验偏好

（一）更关注身体健康

户外运动不仅能对幼儿的身体产生积极影响，也能对幼儿的心理健康产生重要影响。在身体方面，户外运动能够促进幼儿身体健康、增强体质、提高身体素质；在心理方面，户外运动能够使幼儿保持良好的运动心境、运动激情与运动热情，还能够增强幼儿的自信心，对幼儿社会性的发展也具有重要作用。[③] 调查中，提到户外运动的益处，大部分幼儿认为能保持身体健康、锻炼身体，如"跑步能锻炼我的手和脚"，"做运动能让我长高"，"喜欢接力跑，因为身体会更健康，会变强壮"等。少数幼儿会涉及心理健康方面，如"和朋友一起赛跑很开心"。这表明，对于运动，幼儿更关注身体健康方面。

（二）追求挑战性、刺激感，体验成就感

研究表明，幼儿更喜欢自己擅长的游戏，不喜欢超出自己能力范围的游戏。[④] 与该观点稍有不同的是，本研究发现在户外运动中幼儿倾向有一定挑战性、充满刺激感的运动项目，但是，不能远超出幼儿的能力水平。

① 周祥佳. 儿童视角下幼儿园户外活动特征研究——以 S 幼儿园大班为例 [D]. 大连：辽宁师范大学，2020.
② 陈雪花. 幼儿自主游戏，教师理性支持：我园开展户外自主游戏的探究 [J]. 学苑教育，2015(18): 10–11.
③ 袁一丹. 浅析体育运动锻炼对学龄前儿童心理发展的重要性 [J]. 运动，2011(10): 7–8.
④ 赵一品. 我们喜欢什么样的区域游戏：来自幼儿观点的调查研究 [D]. 南京：南京师范大学，2014.

在绘画和自主摄影测试中，幼儿对于运动项目或器材的选择追求挑战性、刺激感。幼儿表示"喜欢滚筒，因为站在上面很刺激"，"喜欢从滑索上滑下来，因为速度快，刺激"，"喜欢拍竹子的活动，因为有挑战性"。当这些有难度、有挑战性、充满刺激的任务被完成时，幼儿能够习得更多的技能技巧，同时会获得胜任感和成就感。当体验到胜任感和成就感时，会进一步激发幼儿参与的热情。但当运动项目或操作器材的难度远超出幼儿的能力水平时，幼儿无法完成任务，这时无法满足其心理需要和成就感，甚至会对幼儿的自我效能感产生损害。

（三）具有教育意义，充满学习体验

幼儿在参与户外运动时除了考虑运动的游戏性，也十分关注运动中的学习性，会在运动中根据自己的经验进行判断，总结经验等。例如，在幼儿分组比赛时问道："你觉得这两支队伍谁会赢，为什么？"幼儿表示："那支队伍会赢，因为有木板。"这表明，在户外运动中，幼儿的发展是多方面、多层次的。

（四）带有想象性，开心、愉悦

2—3岁是幼儿想象力发展的最初阶段，该阶段的想象没有目的性；3—4岁幼儿想象力迅速发展，出现有意的成分；5—6岁幼儿想象中有意成分明显增加，想象内容丰富且新颖程度增加，处于幼儿期想象力发展的高峰期。[①]幼儿的想象力表现在方方面面，在户外运动中也是如此。幼儿想象时会联系自己的已有经验，还会加入自己的愿望，通过各种千奇百怪的想象来满足自己的需要，带给自己满足感，以及开心、愉悦的情感体验。

---

① 王荣.儿童的想象活动及其想象力的培养探析[J].教师，2010(32):121–122.

三、户外运动环境中器材偏好

（一）灵活重组，功能多样

器材是幼儿进行户外活动的物质载体，是幼儿从事户外运动、进行自主游戏的重要物质基础，器材的投放水平与幼儿的运动质量有着密切关系。幼儿偏爱功能多样的低结构性器材。观察发现幼儿喜爱将几种相同或不同的器材进行组合，且器材之间的组合方式多种多样，各具不同的功能。幼儿通过器材之间的不断重组来创造新的游戏或在同一游戏中发现不同的玩法。例如，幼儿用蜂窝板、轮胎与墙搭建滑梯，也会把纸球、绳子、木板、蜂窝板组合起来进行攀岩游戏。幼儿进行器材重组的过程也是想象与创造的过程。

（二）安全

幼儿十分关注器材的安全性。在自主拍摄"我不喜欢的"主题中，幼儿拍摄最多的是安吉板、滚筒、跑步机，此外还有竹竿、攀爬网架、跳绳等，不喜欢的原因都与安全问题有关。这说明幼儿对于危险的运动环境有自己的判断，认为能给自己带来安全隐患的器材是不适宜的。

（三）难度适宜

幼儿不喜欢太简单的器材，也不喜欢自己不会使用的器材，即幼儿不喜欢难度过低或过高的器材，难度适宜对幼儿来说非常重要。调查发现，幼儿认为"难度过低"的器材有小型滑梯，认为"难度过高"的器材有滚筒、木梯架。在自主拍摄"我不喜欢的"主题中，幼儿表达了不喜欢某些器材："不喜欢滚筒，因为太难了，我还没有学会"，"走竹竿没有什么意思"。对于幼儿不喜欢的器材，在访谈"我想要改变的"主题中，幼儿表达出想要使这些器材变得难度适宜的愿望，改变玩法、增加或减少器材、器材重组等都是幼儿想要改变的具体内容。

（四）数量丰富，好玩有趣

在自主拍摄测试中，很多幼儿表示自己喜欢木板和安吉箱，因为"大大小小各不相同，有高的，有矮的"。在访谈中，多名幼儿表示最喜欢的地方是"后操场，因为那里有很多器材"。幼儿对器材的丰富性十分关注，器材短缺会导致争抢、轮换时间过长等现象，在一定程度上对幼儿的户外活动产生影响。在自主摄影中，幼儿拍摄了骑行区中的小车，认为有些小车已经坏了，不能骑了，且数量有点少，进行活动时需要等待。有研究者调查了器材数量和幼儿消极行为之间的关系，以及在不同数量器材投放的情况下幼儿社会性游戏行为的差异。研究表明，当器材缺乏时，幼儿的消极行为会增加，如争抢、哭闹等；大班幼儿在器材减少的情况下合作行为会减少，消极行为会增加。[①]

（五）方便取用

方便取用是幼儿比较关心的问题。在自主拍摄测试中，幼儿表示不喜欢蜂窝板，原因是蜂窝板太大了，不方便搬取；也不喜欢搬纸箱，因为纸箱存放的位置离主要活动场所较远，活动时需要将纸箱全部搬过来，不方便。观察发现，在户外活动参与人数较少时幼儿不倾向于选择蜂窝板和纸箱这两种器材，且在参与人数多时这两种器材的使用次数也较少。因此，器材的尺寸、器材储存地与主要活动区的距离会对幼儿的户外活动产生影响。

（六）颜色鲜艳、美观

在谈及"你希望幼儿园的户外运动有什么改变"时，幼儿表示"希望增加一些漂亮的装饰"，"希望能给纸箱画上图案"。在绘画作品中，幼儿会将器材涂成不同的颜色，如将白色的滚筒涂成彩色等。这表明幼儿对于器材的美观程度有一定的要求，对于颜色鲜艳、色彩明亮、有装饰的器材有一定的偏好。

---

① 朱若华. 幼儿园活动区材料投放方式与儿童行为的研究 [D]. 上海：华东师范大学，2005.

四、户外运动环境中环境氛围偏好

（一）自由自主

幼儿在游戏过程中不喜欢受到拘束，相比于束缚多、强制性的环境，幼儿更偏好自由的户外运动环境。在自由自主的环境氛围中，他们能够根据自己的意愿去探索、发现、创造。自由自主体现在幼儿在户外运动环境中可以自主选择活动内容、器材、同伴，在活动过程中能主动提出新玩法，主动探索尝试，根据活动的情况主动调整自己的状态。根据调查，只有一名幼儿表示不想自己选择活动内容，想让教师规定，其余幼儿都表达了想要自己选择活动内容的愿望。自由自主的环境氛围为幼儿的活动增添了新动力。

（二）参与人数多

在"你希望幼儿园的户外运动有什么改变，怎样改变你会更喜欢它"的讨论中，幼儿表示"希望玩的人多一点"；观察发现，幼儿有说服同伴一起参与游戏的行为。在访谈中，幼儿表示喜欢户外运动的原因是户外人很多；在绘画测试中，同伴出现的频率较高。参与人数多成为幼儿较为喜爱的户外运动环境氛围。

（三）了解运动内容

幼儿倾向于选择自己了解的运动，即知道自己玩的是什么，熟悉玩法或已有相关经验。幼儿表示"喜欢大型器材是因为知道大型器材的玩法"，"喜欢去体能区玩是因为体能区是自己玩得最好的区域"，"喜欢跳绳是因为自己在家的时候已经学会了"，"不喜欢玩滑草板是因为不知道怎么玩"。选择参与熟悉的活动会为幼儿带来心理上的安全感，可见处于已有学习经验的氛围是幼儿偏爱的。因此，户外运动环境中所投放的器材、场地是幼儿熟悉、擅长的，并与幼儿的运动经验相结合时，更易被幼儿所接受。

五、户外运动环境中空间偏好

（一）场地宽阔

多数幼儿对于户外运动环境空间的描述倾向于"大"这一形容词。幼儿最喜欢的空间是操场，因为"空间大，可以跳绳"，"很大，我们很开心"，"地方很宽敞，能和同伴到处跑"等。面积较大的运动场地能够在空间上支持幼儿的运动需求，能够为幼儿参与运动提供空间上的保障。此外，总面积较大的运动环境容纳的器材数量和种类更多，能为幼儿参与运动提供物质上的保障。

（二）器材与项目多

在户外，幼儿喜欢器材与项目多的地方。当谈及最喜欢哪个户外场所时，幼儿表示"最喜欢后操场，因为器材多"，"最喜欢搭建区，因为有很多不同的东西"，"最喜欢前操场，因为有喜欢的项目"。观察表明幼儿更偏向于在器材与项目多的地方开展活动。

（三）凉爽

幼儿除了更偏向于在器材与项目多的地方开展活动外，还注重空间是否凉爽。幼儿更倾向于在凉爽的地方开展活动，"喜欢去后操场玩，因为那里很凉爽"。

六、户外运动环境中时间偏好

（一）时间选择

研究发现，时间概念对于幼儿而言相对抽象，主要停留在感知层面上，幼儿通常是以幼儿园的一日活动常规来认识时间的。在时间选择上，幼儿普遍不想在太热、太累的时候出去玩，偏好的户外活动时间集中于早饭后、午睡后及下午吃完点心后三个时间段。这三个时间段都是幼儿一天中精力最充沛的时候，身体和心理都处于放松状态，因此幼儿更倾向于在这三个时间段参加户外运动。

（二）天气因素

天气因素也是幼儿会考虑的问题，幼儿表示"下雨和太热的时候不喜欢在外面，只有天气好的时候喜欢在外面玩"，"太热的时候不想出去"，"有阳光的时候想出去玩"，"喜欢在教室里玩，因为没有太阳晒"。当谈及"运动时间结束了，要回教室了，你还想继续活动吗"这一问题时，有的幼儿表示"想，但是太晒了"。天气因素会对幼儿的户外运动产生影响，幼儿偏爱在天气温和的时候进行运动。

（三）适宜的活动时长

当谈及"运动时间结束了，要回教室了，你还想继续活动吗"这一问题时，部分幼儿表示还想玩，其余幼儿表示不想玩了，原因包括"太累了""太热了"。幼儿对户外运动后的感受主要集中于"累""热""快乐"这三个词，有一名幼儿表示"运动后感觉很好，不累"。

第二节　幼儿园高质量运动区域设计

对于幼儿园高质量运动环境中的区域设计，主要按照幼儿动作发展经历的功能性水平、表现性水平和社交性水平三阶段进行。不同阶段幼儿的动作发展水平不同，其创设的关键要素也不同。一个高质量的运动环境往往是这三个阶段环境的融合，既能促进功能性水平幼儿的发展，也能满足表现性水平幼儿的展示需求，还能提升社交性水平幼儿的能力。

一、功能性水平运动区域设计

处于功能性水平的幼儿正经历从不会到会的阶段，这个阶段以幼儿学习与发展多种基本运动技能和运动知识为主。而动作学习是个体在任务和环境限制下共同作用的过程，幼儿获得运动技能的速度、顺序和质量在很大程度上都依赖于教育任务和环境。

（一）平衡区

1. 区域目标

主要发展幼儿静态和动态平衡能力。幼儿能根据环境变化及时调整身体姿态以保持平衡，能克服心理压力，培养勇敢、果断、顽强的运动品质。

2. 区域准备

（1）场地：宽敞、松软的地面。

（2）器材：平衡板、梯子、轮胎、滚筒、长板、荡桥、绳索、秋千、树墩、椅子、长凳、竹竿、转椅、旋转木马、台阶、廊道、木箱、蹦床、高跷、攀爬架。

3. 动作要领

（1）身体正直，眼看前方，步伐均匀，可伸双臂保持平衡。

（2）根据器材的质地、形状、位置和搭配物的变化，及时调整身体重心和落脚点，以保持平衡。

4. 运动方案

遵循简单—复杂、慢—快、直线—曲线、单一—多样、低—高、宽—窄、固定—晃动的基本原则进行，以满足不同年龄段幼儿的运动需求为条件。

（1）在路边的廊道、台阶上行走，快慢结合，前后结合，并根据音乐节奏变化进行。

（2）在不同大小、高度、形状的树墩、石头路上行走，快慢结合，前后结合，并根据音乐节奏变化进行。

（3）在梯子、轮胎、长板、竹竿、长凳、木箱、攀爬架等搭建的组合物上行走（见图6-1）。

图 6-1　在多种器材的组合物上行走

（4）在不同高度、长短的滚筒、绳索、高跷上行走。

（5）在平衡板、荡桥上行走。

（6）在滚筒上传接球（见图 6-2）。

图 6-2　幼儿在滚筒上传接球

5. 规则与安全事项

（1）一个跟着一个走，不要推也不要挤。

（2）当前面的幼儿停下来后，后面的幼儿也要保持一定距离停下来等候。

（3）当长板、梯子等物体摇晃、不稳时，可以绕行。

（4）在具有一定高度的长板或梯子下面铺上垫子后，才可以在此行走。

（5）在较高的长板或梯子上不能同时停留三个以上幼儿。

6. 指导建议

（1）教师事先检查器材是否结实、牢固，有无破损，尤其是器材之间的衔接处是否松动。

（2）器材摆放一定要方便幼儿安全拿取。

（3）教师事先明确排队、轮流、等候的要求。

（二）钻爬区

1. 区域目标

钻爬区主要发展幼儿的钻爬能力，涵盖了正面钻、侧面钻、背后钻等不同形式的钻，以及手脚着地爬、手膝着地爬、猴爬、向上爬、交替换手爬、平爬、向下爬等不同形式的爬，从而达到发展幼儿上肢力量和腰腹力量的目的。

2. 区域准备

（1）场地：平整的地面。

（2）器材：拱形门、钻圈、平梯、钻爬网、绳网、木箱、纸箱、拱笼、垫子、轮胎、竹竿、皮筋、长绳、桌子、攀爬架、四方梯、云梯、软梯。

3. 动作要领

（1）正面钻：低头、弯腰、屈腿。

（2）侧面钻：侧身、屈腿、低头、弯腰。

（3）爬行：手脚着地或手膝着地交替向前走。

4. 运动方案

（1）将拱形门、垫子、钻圈、钻爬网、轮胎、桌子等组合起来进行正面钻、侧面钻、手膝着地、手脚着地爬。

（2）用转轮决定用何种动作进行爬行。在铺有垫子的轮胎上进行爬行；利用升降竹竿或桌子，进行钻爬练习。

（3）把多条皮筋或绳子绑在一起后，进行跨、钻、爬练习。皮筋上悬挂铃铛，进行不触碰铃铛的钻爬练习。

（4）随着左右移动的长绳进行钻爬练习，速度由慢到快。随着上下移动的长绳进行快速转化钻爬动作练习，速度由慢到快。

（5）在金字塔式的绳网或墙面上的绳网进行攀爬，还可以进行追逐游戏。

（6）用轮胎、软梯、竹竿、桌子等器材构建开心农场情境，如爬上梯子摘苹果、爬过山坡送苹果（见图6-3）。

图6-3 用木桩构成的胡萝卜林

（7）与平衡区结合起来，进行钻、爬、平衡、翻滚、旋转等动作练习。

5. 规则与安全事项

（1）前后保持一定距离，不可太密集。

（2）不可持续做同一个动作，这样容易引起局部肌肉疲劳。

（3）不可攻击他人，不得抛扔器材。

（4）可以自由选取器材，设计活动方式与路线。

（5）可以自订运动规则。

（6）运动后及时收纳器材，整理场地。

6. 指导建议

（1）教师在活动前检查器材。

（2）选择远离跑跳区和球类区的场地，避免发生踩踏事件等。

（3）需要场地有一定的软度，以草坪或天然的土地或沙地为宜，这样的地面具有一定保护作用。

（三）跑跳区

1. 区域目标

主要发展幼儿变向跑、圆圈跑、弯道跑、绕障碍跑、后退跑、折返跑、原地跳、双脚开合跳、双脚连续向前跳、横跨等动作。

2. 区域准备

（1）场地：平坦而有弹性的地面。

（2）器材：跨栏架、锥形桶、木箱、跳高架、皮筋、竹竿、大鼓、小红旗、气球、跳高台、攀爬架、长板、垫子、软梯、不同材质的跑道、20—30米跑道、降落伞。

3. 动作要领

（1）跑：身体前倾眼看前，手臂屈肘前后摆，抬腿屈膝向前迈，平稳落地重心来。

（2）跳：蹬地摆臂手前后，躯体离地向前跃，落地屈膝快前移。

4. 运动方案

（1）击鼓赛跑：在20—30米的跑道上，幼儿排成两路纵队手握小红旗，击鼓后方可出发，拍到障碍物后再快速返回，把红旗交给下一位幼儿，接到红旗的幼儿听到击鼓声后向前跑，哪一组先跑完为胜。

（2）多变的软梯：在软梯进行单脚跳、双脚跳、侧身跳、开合跳、转身跳、前后跳、小步跑、高抬腿跑等多种练习。

（3）追影子：一个幼儿跑，另一个幼儿在后面追赶。

（4）将锥形桶、跨栏架、木箱、垫子、竹竿、攀爬架、跳高台组合起来，让幼儿在其中进行不同的跑跳练习。

（5）赶鸭子：教师手握竹竿横扫，幼儿可以向上跳躲过竹竿。两位教师手握竹竿慢跑，幼儿快跑躲过竹竿。

（6）小小伞兵：幼儿背着降落伞快跑，随后爬上跳高台，往下跳。

（7）快速助跑，随后向上跳击气球。

5. 规则与安全事项

（1）做好准备活动后，才能进行跑跳练习。

（2）一个跟着一个跑，不要推不要挤。

（3）从高处往下跳时，落地点一定要铺上垫子。

（4）在平坦的地上跑，在有弹性的地方跳。

（5）不要在超过自己身高的地方跳跃。

（6）一定要屈膝落地。

（四）投掷区

1. 区域目标

发展幼儿投远与投准的基本动作，提升上肢力量和身体协调能力。培养幼儿听指令的能力和规则意识。

2. 区域准备

（1）场地：宽敞的地方。

（2）器材：沙包、纸球、网球、粘粘球、粘粘板、小背篓、粘粘衣、椅子、圈、悬吊固定架、竹竿、长绳、动物图片、篮球网、锥形桶、粉笔、气球、可移动的门等。

3. 动作要领

手握小球肩上举，侧身站立头向前，蹬地发力体转正，斜上用力掷出球。

4. 运动方案

（1）香口胶：把粘粘板固定在一定高度，幼儿可自由选择站位，用粘粘球进行投掷，尽量使球粘在板上。

（2）固定的绳子上面挂满大小不同的气球或图片，幼儿可根据自己的能力选取不同的位置把纸球投向不同的物体。可摇晃绳子增加投掷的难度。

（3）投洞洞：把一块布满大小高低不一洞洞的板子挂起来，幼儿在一定距离外投球进洞（见图6-4）。

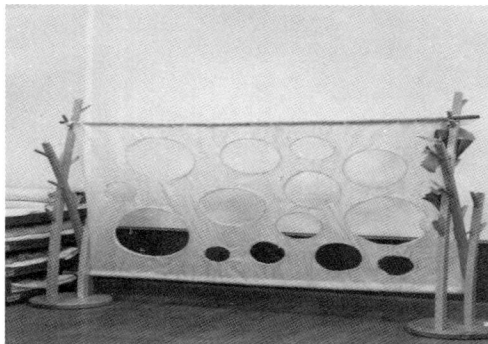

图6-4 投洞洞

（4）幼儿围成一个圆圈，中间放一个小桶，幼儿向桶里投飞剑。投掷距离可根据圆圈的大小进行调整。或者每个幼儿前面放一个小桶，幼儿在一定距离外把飞剑投向小桶（见图6-5）。

图 6-5　幼儿进行投准活动

（5）趣味投壶：一名幼儿骑行可以载人的车，坐在后面的幼儿在行进过程中向固定物体中投掷飞剑，骑行人可以根据投掷人水平调整车速（见图6-6）。

图 6-6　趣味投壶

（6）投桶比赛：一名幼儿坐在滑板车上，另一名幼儿推车前进，坐在车上的幼儿及时把飞剑投入一定距离外的小桶。小桶可以随意摆放，车也可以随意推动，车速可快可慢（见图6-7）。

图 6-7　两名幼儿合作投桶

（7）一名幼儿戴着头盔推桶前进，线外的幼儿努力把纸球投进桶里（见图 6-8）。

图 6-8　幼儿戴着头盔推桶前进

（8）躲避球：一队幼儿分成两组分别站在相隔 10 米的平行线外，另一队幼儿分散站在线内。线外的幼儿朝线内的幼儿投球，线内的幼儿要躲避球，击中则交换角色（见图 6-9）。

图 6-9　两队幼儿进行躲避球活动

（9）在推拉门上挂上气球，幼儿可根据自己的能力选择站在不同的位置用手中物体投掷移动中的气球，推拉门的移动速度可以调节（见图 6-10）。

图 6-10　幼儿在调节推拉门的速度

（10）跳房子：把沙包投向最远处的房子，然后单脚跳和双脚跳交替进行把沙包运回来。

（11）你跑我追：教师背着小背篓四处跑，幼儿追赶教师，并努力把纸球投向移动中教师的小背篓。

5. 规则与安全事项

（1）不能向人脸投掷任何物品。

（2）当投掷沙包、网球等具有一定重量的物品时，听从指挥，朝一个方向投掷。

（3）运动后统一整理场地，收拾摆放好器材。

（4）严禁投掷石头、铁片等坚硬物品。

6. 指导建议

（1）教师设置投掷区时应尽量远离球类区、平衡区、钻爬区等其他区域。

（2）在空旷、有墙体、较为封闭的地方设置投掷区。

二、表现性水平运动区域设计

处于表现性水平的幼儿动作日益自动化，在类似游戏的情境中，能够将一种运动能力与另一种能力结合起来进行多样化的运动。但是，这个阶段幼儿的动作技能不稳定，因此，需要通过多种运动方式强化身体素质、运动创意，以及空间、时间概念。探索和练习仍然是这个阶段的重心。教师需要具备开放、包容及支持的态度，给予幼儿充分的自由，允许幼儿按照自己的意愿和想法去运动。

（一）体能挑战区

1. 区域目标

促进幼儿走、跑、跳、攀爬等基本动作和灵敏协调、柔韧、耐力、速度、平衡、力量等身体素质的全面发展。培养幼儿勇敢、果断、坚毅的优良品质和良好的沟通、交流、合作精神。

2. 区域准备

（1）场地不局限。

（2）器材：攀爬架、轮胎、梯子、木板、绳网、单杠、双杠、降落伞、软梯、绳梯、爬竿、爬绳等。

3. 运动方案

（1）体能大闯关：具体布局如图 6-11 所示。

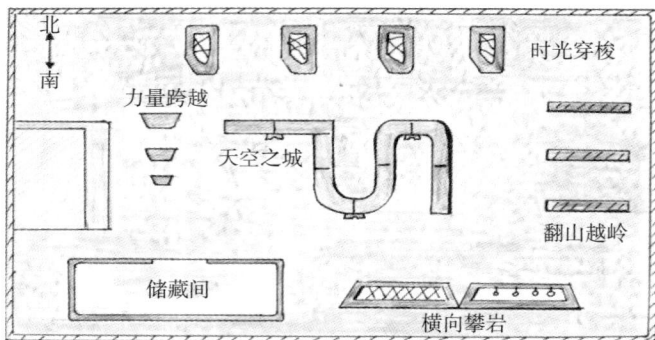

图 6-11　体能闯关区域布局

（2）钻爬过网，走平衡桥。

（3）架桥过河（见图 6-12）。

图 6-12　架桥过河

（4）翻山越岭（见图 6-13）。

图 6-13　翻山越岭

（5）跑酷活动。

4. 规则与安全事项

（1）幼儿服装规范，不得穿有带子的衣服和裤子，必须穿运动鞋、运动服。

（2）幼儿头上不可佩戴坚硬的饰品，比如发夹。衣服的口袋里不要放硬物。手里不可拿硬物。

（3）进行充分的热身运动。

（4）按照顺序排队，轮流进行，不能插队，不能推挤。

5. 指导建议

（1）教师要规定好每个场地或器材的使用路线和顺序。

（2）教师带领幼儿统一做好热身运动。

（3）教师每次运动前都要重申运动中器材使用规则和安全事项。教师要清楚每一个场地和器材的基本运动方法，以及幼儿常进行的运动内容与形式。

（4）教师事先确定场地内最危险器材或场所、比较危险器材或场所、安全器材或场所。教师要站在最危险的地方观察幼儿，重点兼顾比较危险的地方，安全的地方可以适当关注。

（5）运动后，教师要根据幼儿在运动中出现的安全问题与全体幼儿进行深入探讨，告诉幼儿如何安全运动。

（6）教师需要制定一份安全运动清单，每次活动前根据清单进行检查。

（二）沙土泥区

1. 区域目标

主要培养幼儿的专注力、想象力、控制力等。

2. 区域准备

器材：玩沙工具、气球、纸球、小桶、攀爬架、单杠、双杠、跳高架与杆等。

3. 运动方案

攀爬运动、沙滩气球比赛、运沙比赛、挖工事、排水比赛、修建城堡、跳高比赛。

4. 规则与安全事项

（1）不可以抛撒沙子。

（2）不可以对着人扔沙。

（3）不可以用脚踢沙。

5. 指导建议

（1）教师在运动前、中、后要多次重申玩沙规则。

（2）时刻关注特殊行为的幼儿。

（三）墙面运动区

1. 区域目标

利用墙体的反弹作用，发展幼儿投掷动作，以及提升上肢和腰腹力量。利用固定的墙体，发展幼儿攀爬能力，培养勇敢、果断、勇于挑战、勇于冒险的个性品质。

2. 区域准备

器材：绳网、攀爬架、攀登架、梯子、轮胎、粘粘扣、火力球、推拉门、小背篓等。

3. 运动方案

（1）直立式：一般指利用墙面的稳固性，让幼儿依托墙面环境参与运动。

（2）悬挂式：指利用天花板、横梁等悬挂一些指向于运动锻炼的器材，让幼儿自主选择进行游戏。比如，在走廊吊顶上悬挂高低不同的云朵，幼儿可以根据自己的兴趣、能力进行投准游戏；也可以在横梁、吊顶上悬挂一些幼儿跳起来就能够得到的东西，如海洋球等。

4. 规则与安全事项

（1）幼儿服装规范，不得穿有带子的衣服和裤子，必须穿运动鞋、运动服。

（2）幼儿头上不可佩戴坚硬的饰品，比如发夹。衣服的口袋里不要放硬物。手里不可拿硬物。

（3）进行充分的热身运动。

5. 指导建议

（1）教师要重视安全隐患，每次运动前都要检查场地和器材。

（2）每次运动前都要重复安全规则。

（四）冒险挑战区

1. 区域目标

为了满足幼儿冒险挑战的需求，适度创设与各年龄段幼儿相适应的"困难"，使运动环境有动作、体能的挑战，也有智力、心理、合作等方面的挑战。

2. 区域准备

（1）场地：多样化的地面。

（2）器材：滚筒、帆布、布袋、竹席、长绳、大龙球、梯子、长板等。

3.运动方案

（1）用滚筒、帆布设置相应活动，以促进幼儿相互合作、沟通、交流（见图6-14）。

图6-14 幼儿合作用滚筒、帆布进行活动

（2）掏鸟蛋。

（3）球王争夺赛（见图6-15）。

图6-15 球王争夺赛

（4）爬绳、钻跨网。

4.规则与安全事项

（1）幼儿服装规范，不得穿有带子的衣服和裤子，必须穿运动鞋、运动服。

（2）幼儿头上不可佩戴坚硬的饰品，比如发夹。衣服的口袋里不要放硬物。手里不可拿硬物。

（3）进行充分的热身运动。

（4）按照顺序排队，轮流进行，不能插队，不能推挤。

5.指导建议

（1）教师要规定好每个场地或器材的使用路线与顺序。

（2）教师带领幼儿统一做好热身运动。

（3）教师每次运动前都要重申运动中器材使用规则和安全事项。教师要清楚每一个场地和器材的基本运动方法，以及幼儿常进行的运动内容与形式。

（4）教师事先确定场地内最危险器材或场所、比较危险器材或场所，安全器材或场所。教师要站在最危险的地方观察幼儿，重点兼顾比较危险的地方，安全的地方可以适当关注。

（5）运动后，教师要根据幼儿在运动中出现的安全问题与全体幼儿进行深入探讨，告诉幼儿如何安全运动。

（6）教师需要制定一份安全运动清单，每次活动前根据清单进行检查。

三、社交性水平运动区域设计

处于社交性水平的幼儿动作更加自动化。此时，幼儿能够进行协同运动、竞争或者合作式运动，比如和同伴一起玩野战游戏，练习曲棍球、足球等，在发展体能的同时发展合作、竞争能力，提升运动智慧。

（一）野战区

1.区域目标

让幼儿在具有层次性、情境性的野战游戏中，锻炼钻、爬、匍匐、跳跃等方面的能力，提高身体素质；幼儿能跨龄、跨班开展合作，培养良好的人际交往能力，同时，设置相应的情境对幼儿进行爱国主义教育，以激发他们的民族自豪感与责任感。

2.区域准备

（1）场地：蜿蜒曲折的地道、高低起伏的地形。

（2）器材：水枪、木枪、网球、纸球、梯子、攀爬架、沙袋、担架、帐篷、垫子、轮胎等。

3.运动方案

（1）巧夺红旗。首先，收集子弹。幼儿在小木屋、攀爬架、墙角等地方收集纸球，将其作为子弹储存起来。

其次，修筑工事。通过不同车辆搬运沙袋、轮胎、垫子、挡板等修筑工事。

最后，巧夺红旗。冲锋号响起时，双方开始对战，用纸球互投对方阵地，以抢到插在对方阵地高处的红旗为胜。

（2）穿越火线。幼儿自行设计路线图，然后按照设计实施（见图6-16）。

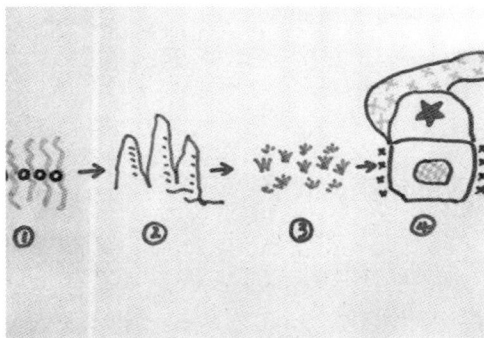

图6-16　幼儿自行设计路线

其中，掩护部队要修好栈道保护突击队员，突击队员冲锋陷阵，突破敌军火力线。一轮游戏结束后，再按照新的路线重新开始新挑战。

4.规则与安全事项

（1）幼儿服装规范，不得穿有带子的衣服和裤子，必须穿运动鞋、运动服。

（2）幼儿头上不可佩戴坚硬的饰品，比如发夹。衣服的口袋里不要放硬物。手里不可拿硬物。

（3）进行充分的热身运动。

（4）从一定高度往下跳时地面必须铺上软垫。

5. 指导建议

（1）教师要规定好每个场地或器材的使用路线和顺序。

（2）教师带领幼儿统一做好热身运动。

（3）教师每次运动前都要重申运动中器材使用规则和安全事项。教师要清楚每一个场地和器材的基本运动方法，以及幼儿常进行的运动内容与形式。

（4）教师事先确定场地内最危险器材或场所、比较危险器材或场所，安全器材或场所。教师要站在最危险的地方观察幼儿，重点兼顾比较危险的地方，安全的地方可以适当关注。

（5）运动后，教师要根据幼儿在运动中出现的安全问题与全体幼儿进行深入探讨，告诉幼儿如何安全运动。

（6）教师需要制定一份安全运动清单，每次活动前根据清单进行检查。

（二）骑行区

1. 区域目标

让幼儿尝试独自或和同伴一起骑行各种车辆，感受体验不同车的控制方式和骑行方式，促进有氧耐力、平衡能力，以及心肺功能的提升；通过骑行游戏，引导幼儿认识并掌握简单的交通规则，培养幼儿排队、等候和自觉遵守交通规则的良好习惯。

2. 区域准备

（1）场地：平坦或有起伏的硬地。

（2）器材：三轮车、脚踏车、四轮车、单车、平衡车、警车、消防车、救护车、巴士、出租车、环岛标志、转弯标志、禁行标志、罚款单、红绿灯、停车场、洗车店标志、驾校标志、车牌号码、物流中心标志（快递物件、信件）、消防站（洒水枪、梯子、头盔）。

3. 运动方案

（1）我们要坐巴士了。巴士线路如图 6-17 所示。

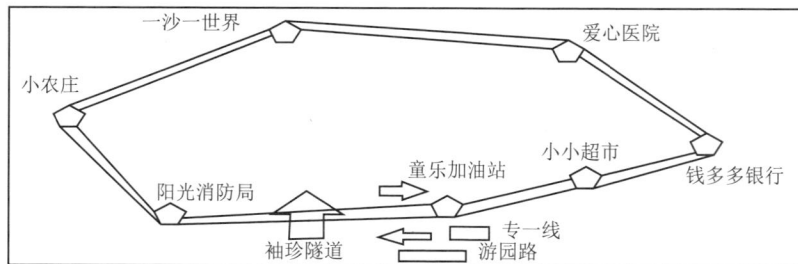

图 6-17　巴士线路

幼儿排队候车，按顺序上车（见图 6-18）。

图 6-18　幼儿排队上车

巴士到达相应站点。

（2）宝宝的幸福生活。小区布局如图 6-19 所示，不仅有医院，还有银行，幼儿扮演医生、护士等角色，

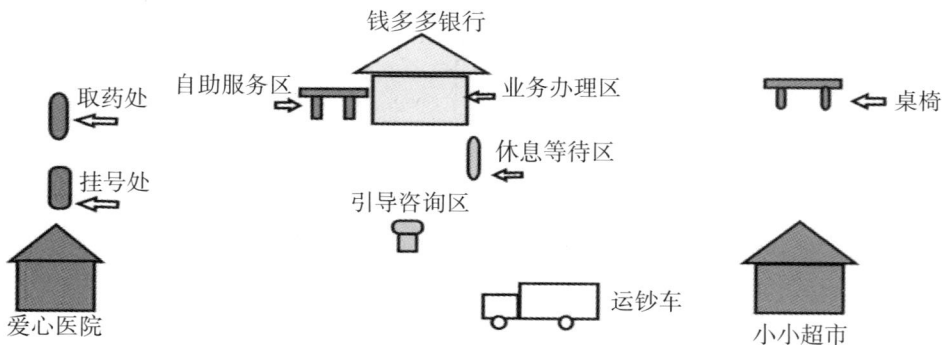

图 6-19　小区的布局

（3）跑跑卡丁车。跑跑卡丁车的线路设计多样化。

4. 规则与安全事项

（1）行车前，先检查车的刹车是否灵敏，车轮是否漏气。

（2）按照交通规则行车，靠右行车，遵守信号灯规则。

（3）下斜坡时，要把控好刹车，可以双脚落地控制速度。一定要先确定斜坡左右没有人，没有人后才可以行车。

（4）行车结束后，要把车归放在指定位置。

5. 指导建议

（1）单独设立骑行区，不可太靠近球类区。

（2）车道要与人行道分开设置，通道一定要标注清楚。

（3）对于出现故障的车辆一定要及时召回。

（4）用问题激发幼儿深入思考。

（三）球类活动区

1. 区域目标

激发幼儿对篮球、足球、曲棍球、保龄球等球类活动的兴趣；通过创设多种环境，提高幼儿玩球技能，丰富他们对球的认知，并能开展简单的篮球、足球、保龄球等比赛活动。

2. 区域准备

（1）场地：宽敞而平坦的地方。设置篮球区、足球区、曲棍球区、保龄球区等区域。

（2）器材：篮球、足球、曲棍球、保龄球、竹篓球、平衡木、曲棍球棍、篮球架、足球门、雪糕筒、球门布、纸箱、投球网、网兜、轮胎、拱门、记分簿、动物头饰等。

3. 运动方案

主要包括篮球区、足球区，以及曲棍球区，其中，各个区域可根据幼儿年龄设置不同的游戏，如表6-1所示。

表 6-1　球类活动区器材

区　域	班　级	运动方案	器　材
篮球区	小班	花样玩球	篮球、投球网、投掷圈
		滚球	平衡木、轮胎、雪糕筒、纸箱、拱门、大龙球、山洞、可乐瓶
		投篮	篮球、篮球架、投球网、轮胎、动物头饰
	中班	花样拍球	篮球、椅子、平衡木、轮胎
		投篮	篮球、篮球架
		运球	雪糕筒
	大班	比赛	篮球、篮球架、记分簿
		投篮	篮球、篮球架
		运球	篮球、雪糕筒、轮胎、篮球架
足球区	小班	踢到不倒翁	动物形状的不倒翁、足球、球门、贴有动物图案的墙面
		运球	雪糕筒、沙瓶、足球
		花样踢球	网兜、足球
	中班	花样踢球	雪糕筒、球门、拱门
		踢球击物	动物头像、球门、布、纸箱、足球
		踢悬吊球	网兜、足球
	大班	比赛	球门、背心、足球
		射门	背心、足球、球门
		踢球击物	可乐瓶、球门、足球
曲棍球区	小班	短棍击远	木棍、纸球
		打倒小老鼠	木棍、纸球、老鼠不倒翁
		赶小猪	竹条、纸球
	中班	击球打怪兽	曲棍球棍、曲棍球、动物头饰
		运球击瓶	曲棍球棍、曲棍球、可乐瓶
		比赛	曲棍球棍、曲棍球、球门
	大班	击球射门	曲棍球棍、曲棍球、动物头饰、球门、布
		运球击瓶	曲棍球棍、曲棍球、可乐瓶
		比赛	曲棍球棍、曲棍球、球门、记分簿

4. 规则与安全事项

（1）不可对人扔或抛球。

（2）不可在人多的地方滚、抛、扔球。

（3）滚出去的球要及时拿回来。

（4）不要坐在球上。

（5）球用完后及时归还。

5. 指导建议

（1）合理规划场地非常重要，需要专门的场地。

（2）球场不要与跑跳区距离太近。

（3）球场四周要有护栏。

（4）根据场地大小，合理设置参与人数。

（5）设定休息区和等候区。

（6）教师随时要注意场中情况，及时关注幼儿场中表现，重点表扬遵守比赛规则的幼儿。

（7）评价要以集体、团队意识的培养为主。

（8）每局比赛时间要根据幼儿年龄段特点设定。如果是中高强度的比赛，中班2—3分钟为一局；大班4—5分钟为一局。

（四）民间游戏区

1. 区域目标

促进幼儿基本动作和身体素质的发展；掌握跳房子、跳皮筋、切西瓜等游戏的基本方法，并能够进行创新；激发幼儿对传统文化的热爱与自豪感。

2. 区域准备

（1）场地：平坦的地面。

（2）器材：如表6-2所示。

表6-2　民间游戏器材

游戏名称	器　材
跳皮筋	各种颜色与长短不一的皮筋、椅子、矿泉水瓶
跳房子	各种颜色的粉笔、沙包、瓦片、积木块
跳竹竿	竹竿
滚铁环	塑料环、铁环、滚棒
打陀螺	陀螺、打带
踢毽子	各式毽子、皮筋、网、固定架、网兜

续　表

游戏名称	器　材
丢手绢	手绢、布条、纸球
系手帕	长方形手帕、布条

3. 运动方案

（1）为不同年龄段的幼儿设置不同难度的跳房子、跳皮筋、跳竹竿、跳绳等练习内容。

（2）根据多人多运动的原则，改编切西瓜、丢手绢、抢凳子等游戏。

（3）提供直线、曲线、坡路、沙地、草地等多种路线。

（4）追逐类游戏包括：踩影子、捉迷藏、木头人、老鹰捉小鸡。对抗类游戏包括：斗鸡、敲击棒、角力赛。合作类游戏包括：编花篮、推小车、滚棒跳。

4. 规则与安全事项

（1）根据游戏规则进行游戏。

（2）在等候区排队等候游戏。

（3）不能使用器材攻击他人。

（4）运动后收拾整理器材，方便下一位幼儿使用。

5. 指导建议

（1）重视前期游戏经验的传授，讲解游戏故事。

（2）教师积极参与幼儿的游戏。

（3）根据幼儿表现情况，及时提出相关问题，促使幼儿积极思考，促进游戏创新发展。

（4）给幼儿提供展示自我的舞台。

（5）以大带小，开展混龄游戏活动。

（五）创意运动区

1. 区域目标

激发和满足不同年龄段幼儿在不同条件、环境中创新身体动作的需求，充分激发幼儿的想象力与创造力。

2. 区域准备

（1）场地：多样化的地形地貌。

（2）器材：绳、长布条、彩带、木棍、塑料袋、布袋、扫帚、大龙球、软梯、纸箱、鞋盒、垫子、积木、拼图、竹竿、气球、稻草等。

3. 运动方案

（1）利用广告布、平板车、自行车进行游戏（见图6-20）。

图6-20　用广告布、平板车、自行车进行游戏

（2）利用长短不一的泡沫棒进行游戏（见图6-21）。

图6-21　用长短不一的泡沫棒进行游戏

（3）利用球、木箱、树木进行游戏（见图6-22）。

图 6-22　用球、树木进行游戏

（4）幼儿自主搭配器材、人员进行游戏。

4. 规则与安全事项

（1）爱护器材，不能随意拉扯和扔器材。

（2）不能用器材攻击他人。

（3）游戏结束后及时收拾整理场地、器材。

5. 指导建议

（1）器材不可一次性投放过多，避免影响幼儿的注意力。

（2）除非可能发生影响生命安全的情况，否则不可干预幼儿的运动。

（3）延迟介入与批评，耐心观察幼儿的发展动向。

（4）用询问、目光注视、微笑等多种方式鼓励幼儿进行延续性运动。

（5）关注体弱或其他类型的特殊幼儿的运动状况，并及时给予帮助与支持。

（6）重视运动后的分享反思环节，这是促进幼儿深度学习的关键环节。

四、综合运动区域设计

综合运动区包括功能性水平、表现性水平、社交性水平等三种不同水平的运动区域，以满足不同发展水平的幼儿。由于不同动作发展速度不一样，因此，一个幼儿可能同时处在不同的动作发展水平中，比如 3—4 岁幼儿的走为表现性水平，向前跳则为功能性水平，骑平衡车水平为社交性水平。

（一）教室运动区

1.区域目标

在特殊天气时，让幼儿有运动的场所。促进幼儿上下台阶和拖拉等基本动作发展，体验滑行，发展上肢力量。拓展幼儿运动空间，激发幼儿运动的想象力与创造力。

2.运动准备

器材：垫子、纸板、泡沫板、木板、长绳、梯子、轮胎、标识带、绳网等。

3.运动方案

包括打气球、钻网、弹力带拔河、走平衡木、抢球练习、抽垫子等活动。

4.规则与安全事项

（1）根据游戏规则进行游戏。

（2）在等候区排队等候游戏。

（3）不能使用器材攻击他人。

（4）运动后收拾整理器材，方便下一位幼儿使用。

5.指导建议

（1）重视安全隐患，每次运动前都要检查场地器材。

（2）预留安全通道。

（3）每次运动前都要重复安全规则。

（二）廊道运动区

1.区域目标

幼儿体验并掌握在狭小空间有效运动的方法。幼儿学会如何遵守规则，如何有序运动。

2.运动准备

器材：平衡车、布袋、垫子、球、床单、攀爬架、绳网、平衡木、梯子等。

3.运动方案

（1）勇往直前（中班、大班）：把床单固定在墙上，从固定处垂下一根长绳，幼儿手拉长绳，脚踏在教师或其他幼儿从两边拉起来的床单上用力拉绳向上爬，一直爬到最高处，从上面取下一个礼物后再下来。

（2）跳房子(中班、大班)：幼儿自行设计多种房子，玩法与规则自定，教师提供沙包、纸球、木块即可。

（3）其他运动还包括：滚铁环（大班）、手拉车（中班、大班）、攀爬通道（大班）、走绳线（小班）、推拉车、双人足走、障碍运球。

4.规则与安全事项

（1）根据游戏规则进行游戏。

（2）在等候区排队等候游戏。

（3）不能使用器材攻击他人。

（4）运动后收拾整理器材，方便下一位幼儿使用。

5.指导建议

（1）重视安全隐患，每次运动前都要检查场地器材。

（2）预留安全通道。

（3）每次运动前都要重复安全规则。

（三）楼道运动区

1.区域目标

促进幼儿上下台阶和拖拉等基本动作发展，体验滑行，发展上肢力量。拓展幼儿运动空间，激发幼儿运动的想象力与创造力。引导幼儿掌握排队等基本规则，增强自我保护意识和保护他人的意识。

2.运动准备

（1）场地：楼道。

（2）器材：垫子、纸板、泡沫板、木板、长绳、梯子、轮胎、标识带、绳网。

3．运动方案

（1）上下台阶：沿着楼梯上下台阶。

（2）上下梯子：沿着楼梯攀爬梯子。

（3）北极熊来了：把梯子固定在楼梯上，以熊爬姿势上下运动。

（4）滑滑梯：坐在垫子（纸板、泡沫板）上，从上往下滑，在墙面设置软垫，以免冲下来时受伤。

4．规则与安全事项

（1）在楼道运动时，不要大喊大叫干扰他人。

（2）一个接着一个进行，不要同时多人一起进行。

（3）上下楼梯时，不可以推挤他人，也要保护好自己。

5．指导建议

（1）多次强调楼道运动的基本要求和安全事项。

（2）每次运动时，必须要保证一名教师在场协助和保护幼儿。

（3）一定要事先检查提供的器材是否有破损。

（4）针对楼道运动中的安全事项及时组织幼儿讨论，以解决相关问题。

（四）屋顶运动区

屋顶场地是建筑物本体表面的一种活动场地，具有特殊性。首先，必须要符合建筑规范，是一个相对独立的活动空间；其次，区域受建筑物规模影响，存在不可改造的建筑结构或设施等问题，因而屋顶运动环境创设的前提是不违背、不破坏建筑规范及安全要求。

1．区域目标

充分利用有效空间开展科学运动，提高环境的利用率。提升幼儿的运动能力和体能，发展幼儿适应能力。

2．运动准备

器材：垫子、纸板、泡沫板、木板、长绳、梯子、轮胎、标识带、绳网等。

3. 运动方案

（1）利用屋顶环境中的图形、图案、色块、物体造型等元素，以图画或图片呈现某些器材、区域的玩法，为幼儿提供显性的运动方式。同时，图画、图片呈现的动作、玩法，使幼儿动作经验得到可视化展现，为幼儿动作提升提供了直观引导。

（2）借助屋顶环境的图形、图案、色块进行有效的分区引导，明确活动的区域、路线范围，从而以合理的图形、图案布局为幼儿运动提供环境暗示。

（3）充分利用屋顶环境中的护栏、绿色植物，提升幼儿运动能力。

4. 规则与安全事项

（1）幼儿服装规范，不得穿有带子的衣服和裤子，必须穿运动鞋、运动服。

（2）幼儿头上不可佩戴坚硬的饰品，比如发夹。衣服的口袋里不要放硬物。手里不可拿硬物。

（3）进行充分的热身运动。

（4）按照顺序排队，轮流进行，不能插队，不能推挤。

5. 指导建议

（1）运动前、中、后一定要多次重申屋顶运动规则。

（2）时刻关注特殊行为的幼儿。

（3）随时提醒不可高空抛物。

（五）室内运动馆

1. 区域目标

幼儿室内运动馆是为幼儿提供各类适合室内运动的设备，帮助幼儿树立运动理念，培养运动兴趣，发展基本运动能力，体验运动快乐，满足身心健康需求的专用活动空间。

2. 运动准备

（1）场地：选择通风良好、阳光充足、相对开放的场所。

（2）器材：提供数量充足的设施设备，具体如表6-3所示。

表 6-3　幼儿园室内运动馆设施设备一览

类别	名称	规格要求	数量	备注
普通电器类	镜子	一面墙大小	不限	根据活动室的面积配备
	放水架	铁质，可移动	不限	根据参与人数配备
	灯	主流配置，可控	不限	根据国家相关标准配备
	空调	主流配置	不限	根据面积配备
	电源插座	空调插座单设；离地面 1.8 米以上，并带接地孔	不限	根据实际需求配备
教学辅助类	视频展示台	主流配置	不限	安装要求可参考《浙江省中小学教育技术装备标准》
	音响	主流配置	不限	安装要求可参考《浙江省中小学教育技术装备标准》
	网络接口	标准型	不限	连通局域网或宽带
	无线网络	主流配置	不限	活动室全覆盖
	洗手池	带水源	不限	—
器械类	跳马	适用于 3—6 岁幼儿	1	—
	双杠	适用于 3—6 岁幼儿	1	—
	单杠	适用于 3—6 岁幼儿	1	—
	蹦床	适用于 3—6 岁幼儿	6	—
	平衡木	适用于 3—6 岁幼儿	4	—
	爬绳	适用于 3—6 岁幼儿	4	—
	肋木	适用于 3—6 岁幼儿	1	—
	大木盒	适用于 3—6 岁幼儿	10	—
	圈	适用于 3—6 岁幼儿	—	根据参与人数配备
	球	适用于 3—6 岁幼儿	—	根据参与人数配备
	大绳	适用于 3—6 岁幼儿	2	—
	彩虹伞	适用于 3—6 岁幼儿	1	—
	攀爬板	适用于 3—6 岁幼儿	1	根据参与人数配备
	爬网	适用于 3—6 岁幼儿	1	—
	吊环	适用于 3—6 岁幼儿	1	—
	踏跳板	适用于 3—6 岁幼儿	1	—
	足球射门网	适用于 3—6 岁幼儿	2	—
	小篮球架	适用于 3—6 岁幼儿	2	—
	软垫	适用于 3—6 岁幼儿	—	根据参与人数配备
	沙袋	适用于 3—6 岁幼儿	6	—

3. 运动方案

对于经费和物资相对匮乏的幼儿园，可利用竹梯、软梯、吊环、竹竿、椅子、书架、绳网等物品自建室内运动馆，发展幼儿钻、爬、平衡、走、攀、跳等多种基本动作，以及上肢、下肢、腰腹力量，协调性、速度、耐力、柔韧性等多种体能素质。

案例 6-1

大班室内体育游戏："五岳冒险记"

（一）活动目标

通过循环游戏提高幼儿平衡能力、力量、灵敏、速度等综合体能素质。

让幼儿在情境中进一步了解"五岳"，培养幼儿不怕困难的精神。

（二）活动准备

1. 物质准备

（1）利用已有器材布置循环锻炼场地。其中包括：交通锥、双杆、软体组合、三角锥、大型抓杆器材等；（2）两个猛兽头饰；（3）两段音乐，其中一段加入猛兽音效。

2. 经验准备

"五岳"的相关知识，以及室内器材前期探索经验。

（三）活动过程

1. 出发冒险家

代入情景，组织幼儿进行热身运动。

教师：今天我们要去探险，让我们双手打平坐上小飞机，起飞！（带领幼儿绕圈跑）

教师：来到山下。这里怎么有一只小兔子，让我们学一学它是怎么跳的。（带领幼儿绕圈跳）

教师：小溪边有只小螃蟹，我们也来学一学。（带领幼儿绕圈侧身走）

教师：山上好像有一只大老虎，它是怎么爬的？（带领幼儿绕圈爬）

教师：山上的树长得真茂盛，我们双手向上伸直握住，模仿一下小树吧。风来啦！（带领幼儿做两侧伸展运动）

2. 探索"五岳"

代入情景，了解循环路线，讲解动作要点。

教师：今天我们要去大山探险，有小朋友记得中国五大山是哪五座山吗？

教师：这五大山的冒险可没那么容易，让我们来分别看看。（重点指导双杆侧爬、翻越三角锥、高空攀爬，个别幼儿示范动作）

双杆侧爬：侧身走进双杆中间，双手撑住左侧把杆，两只脚先后踩上右边把杆。身体凌空，屁股抬起，侧身向前爬行。

翻越三角锥：一段距离的冲刺之后，先用双手抓住最上方把杆，脚底踩在三角锥上，用腰腹力量带动身体向上攀爬。足够高后先跨出一只脚，翻过三角锥。

高空攀爬：手脚并用抓杆向前爬，在杆上保持住身体（见图6-23）。

图6-23 五岳冒险记

（四）活动结束

在每次游戏结束后加入收集物资的情节，并在所有游戏结束后统一进行奖励，作为幼儿游戏情况的反馈。在后期游戏中可以添加负重，让幼儿背包行进，增加游戏难度。

案例 6-2

中班室内运动游戏："色彩大作战"

（一）活动目标

通过练习投掷、纵跳、攀爬等动作，提高幼儿四肢力量和身体的协调性。在"色彩大作战"的情境中体验与同伴游戏的快乐。

（二）活动准备

彩虹腰带、彩色贴纸、各种颜色的糖果贴纸，攀爬架、单杠等室内体育器材，游戏音乐（准备操音乐、行进中的舒缓音乐、跳跳糖跳跃的音乐、大魔王出现时的恐怖音乐、放松音乐）

（三）活动过程

1. 调皮的色彩精灵

首先，幼儿面对教师四散站开。

教师：孩子们，欢迎来到色彩王国。色彩小精灵非常喜欢你们，快去找一个色彩小精灵，和它做朋友吧！

其次，听音乐，跟随教师做活动操，重点锻炼四肢力量。

教师：你们会把色彩小精灵变出来吗？先用一只脚和色彩小精灵亲一亲，再换一只脚。后背、肚子、肩膀，换一侧肩膀、手肘、膝盖……还有哪些身体部位可以和色彩小精灵亲一亲？

教师：你们真聪明，这是色彩小精灵送给你们的彩虹腰带，有了这个腰带，你们就可以和色彩小精灵一起玩游戏了！

2. 小精灵的大嘴巴

首先，幼儿分成三组，穿越障碍，向前行进，将糖果送入色彩小精灵的大嘴巴。

教师：看，还有好多色彩小精灵在和我们打招呼，它们最喜欢吃糖果了。

教师：小精灵的大嘴巴有些张得大，有些张得小，你们可以随意选择一个小精灵去喂食。投掷成功后就可以领取一个和小精灵颜色相同的糖果了。

其次，向幼儿示范如何通过尖石区。

教师：这块尖石区该怎么通过？（示范青蛙跳、小猴手脚爬、单脚绕……）

教师：瞧，它们正张大嘴巴等我们呢！请随意选择一条路线，到彩虹绳前给小精灵喂糖果吧！（幼儿在彩虹绳前随意选择投掷目标）

最后，投掷成功的幼儿自行在腰带上张贴糖果卡片。

3. 爱吃糖果的小精灵

首先，幼儿尝试向上纵跳摘物。

教师：你们还可以先选择这条路，看，糖果在高高的彩虹桥上。

教师：彩虹桥太高了，我们怎么样才可以让小精灵吃到糖果呢？（请一位幼儿示范）

教师：原来，可以试一试原地向上纵跳的动作，这可真是个好方法。

其次，幼儿自由选择攀爬架，摘彩色糖果。

教师：还有好多糖果在彩虹塔上，色彩小精灵够不着，你们可以帮助它们把糖果摘下来吗？（在各种不同难度的攀爬架上贴不同颜色的糖果贴纸）

教师：摘下糖果快喂给你的色彩小精灵！（将糖果贴纸贴在色彩腰带上）

最后，幼儿尝试手掌撑地用脚趾触碰高台（草坪）

教师：你们看，还有些糖果在高高的草坪上，如果直接用手去碰那可太容易了，你们能试试用脚趾在草坪上做游戏吗？（请一名幼儿示范）

教师：原来，手掌撑地，手臂伸直，膝盖也伸直就可以很轻松让脚趾也到草坪上玩了。这个动作可真好看！

4. 黑色大魔王来了

首先，幼儿尝试双脚离地，依靠上肢力量将自己吊挂在单杠上。

教师：彩色小精灵吃饱了，它们最喜欢做的事情就是在红色的大嘴巴里跳来跳去。可是，黑色大魔王不喜欢跳跳精灵，所以当黑色大魔王出现的时候，请你们变成拐杖糖，悬挂在彩虹杆子上，等黑色大魔王走了，你们再变回跳跳精灵，好吗？

其次，播放音乐，魔王来了。

教师：小心，黑色大魔王来了，快保护好你脚上的小精灵。（教师用黑色的布当成黑色的海浪，幼儿尝试双脚离地，依靠上肢力量将自己吊挂在单杠上）

教师：黑色大魔王离开了，快变回跳跳精灵！

5.再见了，色彩小精灵。

教师：小精灵太喜欢和小朋友一起游戏了，它们欢快地跳到你的手臂上，跳到你的肩上、腿上，跳到你的同伴身上。

第七章　与其他领域融合的幼儿园高质量运动环境

本章中的"其他领域"是指在幼儿园的五大领域中，除"健康"以外的语言、社会、科学、艺术这四大领域。发展心理学指出，幼儿是基于他们的背景和经验以整体的连续的方式来构建知识的，当知识相互联结时，学习效果最好。脑科学研究表明，"大脑能够在相同时间内处理及组织众多事情，整合的经验有益于内容意义的建构……从一定程度上说明统整的经验、统整的知识所导致的统整学习是较为有效的学习方式"。

第一节　运动环境与语言、社会领域的融合

一、运动环境与语言领域的融合

语言具有双重意义：它既是一种凝缩的符号，又是一种社会调节的工具。语言在这种双重意义中便成为思维精密发展不可缺少的因素。① 幼儿阶段的语言学习呈现三个基本特征：在活动中学习语言、在游戏中学习语言、在创造中学习语言。② 这也就为与语言领域融合的运动环境创设提供了路径。

（一）器材归类收放中理解符号

在运动环境的创设过程中，无论是教师预设，还是教师与幼儿共同商议后的共同创设，都会遇到一个关键问题，如何为幼儿自主开展体育活动提供一个有序的环境，即相对稳定的秩序。没有相对稳定的秩序，就容易产生事故、纠纷而影响到体育活动的正常开展。因此，教师可以与幼儿共

---

① 皮亚杰.儿童的心理发展[M].傅统先，译.山东：山东教育出版社，1982.
② 李季湄，冯晓霞.《3—6岁儿童学习与发展指南》解读[M].北京：人民教育出版社，2013.

同讨论创设有利于开展活动的有序环境，并以幼儿能够理解的方式表达出来，以期共同遵守与执行。

户外运动环境中需要投放大量的器材，包括自制器材及半成品器材，有些器材有一定的危险性，这里的"危险性"是指在搬运使用的过程中容易造成碰撞，如砖块、木板、单梯、双梯、大滚桶等。这些器材如何合理放置归类，以便于幼儿自主取放，是需要认真规划的。做到易边、易立、易叠。易边，是指所有器材要尽量放置在场地的边缘，把更多的空间留给幼儿活动；易立，是指可以立起来的器材，要想办法立起来，既节省空间，也能让幼儿一目了然，如轮胎、小车；易叠，是指可以叠起来的器材，要叠放整齐，在节省空间的同时，也能从小培养幼儿的秩序感。与此同时，为这些器材定好位置后要做好图示，可直接使用器材放置好时的照片进行示意，也可以请幼儿进行绘画示意。幼儿可根据这些照片与绘画中的符号特点，将物品逐一归位。在这一过程中幼儿可以理解符号与实物的关系，感受符号的作用。

（二）游戏开展过程中学会读图

体育游戏的开展，需要遵守一定的规则。进入游戏场地时，可以通过场地周边设置的标识来了解游戏的玩法。幼儿可通过细致观察示意图中符号与关键物之间的联系，从而了解场地中都有哪些器材，如何使用这些器材，有什么样的游戏路径等。

案例 7-1

"飞夺泸定桥"

该游戏场地的设置，是将幼儿园原有的固定水池、大象滑梯与可移动的轮胎、梯子海绵垫进行有效结合，并规划适合中班、大班幼儿身体平衡练习的路径。教师与幼儿共同讨论玩法，即幼儿从大象滑梯滑下后，按照示意图上的序号走完所有木梯。讨论完后以拍照加标注的方式在场地周围设置提示牌，幼儿可以通过读图来了解玩法（见图 7-1）。

图 7-1　"飞夺泸定桥"场地

案例 7-2

大脚印

该运动环境的设置，是以发展小班幼儿手眼协调能力为目标的。仅使用简单、形象的即时贴，就可以帮助小班幼儿根据地贴上的指示进行运动，如脚尖对脚尖走，脚跟对脚跟走，双脚交叉走。幼儿也可自由创新游戏玩法，使枯燥的练习变成有趣的尝试（见图 7-2）。

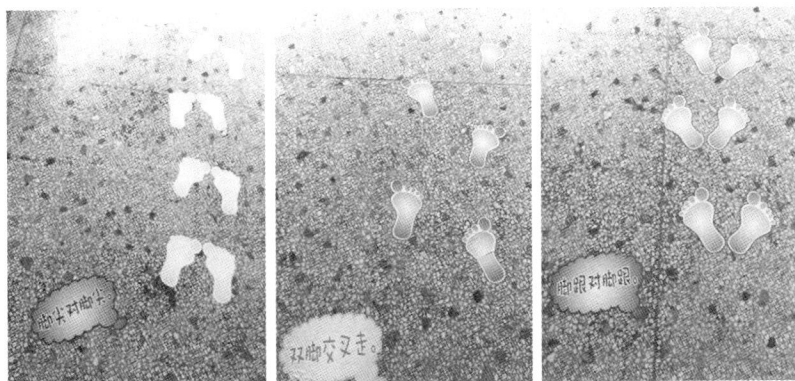

图 7-2　大脚印玩法引导

案例 7-3

"红蓝军对抗"

幼儿通过猜拳的方式分成红蓝两军，分组搭建自己的防御阵地，然后开始对抗游戏，最后以幸存人数分出输赢。案例中幼儿通过海报的形式将游戏前的准备工作，以及游戏的过程中呈现出来。这可以引发幼儿的讨论升级，为幼儿提供了一个交流的平台（见图 7-3）。

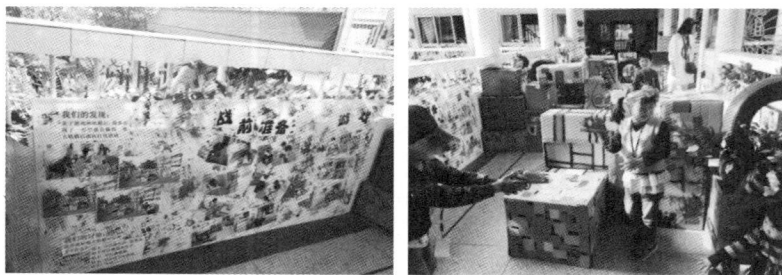

图 7-3　游戏过程呈现

（三）自主选择情境中大胆表达

幼儿语言的学习应该在生活情境中自然而然进行，户外运动环境中，要为幼儿提供"想说、敢说、能说"的环境。

案例 7-4

我们的堡垒

幼儿观看了万里长城及战争的相关影片后，产生了搭建堡垒的想法。因为共同的目的，而引发了讨论。小强说："砖块要一块块垒上去，又快又稳。"小文说："不行，要留出空隙，这样既可以观察敌人的情况，还可以把枪从洞里伸出去。"小豆说："砖太少了，围不起来，怎么办？"小文说："没事，我们来想办法。可以用木板、木块。""哎呀，倒了！""没关系，我来帮你一起修，你可以的。"在幼儿充分讨论中，堡垒逐渐完善。在幼儿相互鼓励帮助中，堡垒越来越高，且所有的堡垒连在了一起，能让所有侦察兵躲藏在堡垒之下。

可以看到，此案例中，幼儿为达成共同的目标，一起讨论、想办法，充分表达，充分理解，有话想说，有话敢说。在户外自主搭建中，只要有合作，就一定会有交流，且都是围绕当下的现实情境展开的讨论，是最"接地气"的语言学习与练习。

二、运动环境与社会领域的融合

幼儿在社会领域学习与发展的实质在于促进幼儿社会化，形成良好的社会性与个性。而社会化是在社会关系中，通过人际交往和对社会生活的主动适应而进行的。运动环境的创设为幼儿的这种人际交往和主动适应提供了平台。

（一）运动环境与社会领域融合的原则

1. 投放合作性器材，引发共同活动

共同活动是指两个或两个以上幼儿为了某个共同目标而集合在一起进行的活动。共同活动必然激发相互间的人际交往，也必然增强幼儿的合作意识、沟通能力、自我控制与调节能力。因此在运动环境的创设中，教师要有意识地投放适合合作的器材，引发幼儿间的共同活动。

案例 7-5

搬运器材

投放体积比较大、比较重的器材，容易引发幼儿之间自觉的合作。教师在户外运动场地周围投放了许多适合幼儿户外自主游戏的器材，活动中，幼儿自主取放。小逸想要使用长梯搭建运动场地，且他想将三块木板一起搬过去，他试了一下，一个人搬不动。如果用拖拽的办法，会损坏器材，且无法将木板一起带走。于是他去请好朋友柱子帮忙，两人将三块木板放置在长梯上，一人抬一头很快完成了任务。收器材时，果果找来了几个好朋友，一起将"伪装网"抬回去放好。小诺看见旁边的小志好像有点拿不动，帮助了他一下（见图 7-4）。

图 7-4　合作器材搬运

案例 7-6

可变的软棒

当器材比幼儿人数少时，可以激发幼儿的共同游戏，合作学习。当小组幼儿玩一根软棒时，小田说："我们轮流玩。"于是，幼儿轮流尝试直线跨和爬，正面"钻桥洞"，侧面"钻山洞"。幼儿在运动的同时，习得了商量、等待、轮流的合作交往方式（见图 7-5）。

图 7-5　软棒的多样玩法

案例 7-7

器材的组合

丰富可选择的器材，能引发幼儿充分活动的愿望，在活动中进一步激发幼儿合作的可能性。图 7-6 展示了为了做一辆超级厉害的"无敌战车"，幼儿一起想办法。一开始，一个人拉两辆车，速度比较慢。"我想要飞起来的感觉。""好的，你趴在滑板车上，我拉着你。""好玩，可是还不够快，怎么办？""那么再叫一个伙伴一起，两个人一起拉。""好了，有飞起来的感觉了。"一个人骑一辆车，速度已经很快了。"今天再想一种玩法，把我的车头架在你的车尾。""不行，会滑下来。""用两只手拉住车尾，就可以了。"

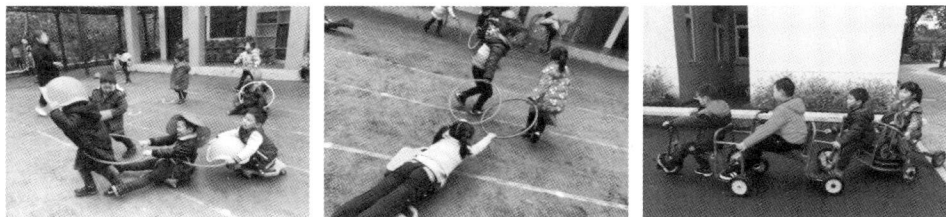

图 7-6　器材组合

我们可以从案例中看到，只要给幼儿提供适宜的器材，给予足够的自由，幼儿就能自发互动，在共同活动的过程中，习得合作的方法与技能。

2. 提供挑战性器材，增进自我认识

自尊、自信、自主是学龄前幼儿社会领域学习培养的主要目标之一。但如何帮助幼儿获得这样的自我认识、自我肯定呢？运动环境是载体之一，幼儿通过对外界的认知、控制能力的不断提升，形成对自己的认知，同时也通过他人对自己的态度与评价形成自我评价。

案例 7-8

"翻山越岭"

大滚桶与轮胎结合而形成的"山峰"与"沟壑"，对于中班幼儿来说存在一定的挑战性。但经过一段时间的游戏，幼儿掌握了翻越它们的方法。图 7-7 的幼儿熟练地从大滚桶中爬出，并叮嘱前面的幼儿小心。另一位幼儿看到前后都有人，就安静站立等待。这个游戏片段，展现了幼儿的自信、自律与自控能力。

图 7-7　游戏片段

案例 7-9

长绳中的行进

两棵树中间有一根结实的长绳，幼儿要想办法从绳的一头到那头。两个幼儿用双手交替的办法行进，虽然中间休息了一会，但顺利完成了。另一个幼儿用双手和双脚交替行进的办法，一气呵成地完成了任务，获得了其他幼儿的称赞。通过活动，幼儿有对自己能力的认识，也获得了同伴的肯定（见图 7-8）。

图 7-8　长绳的不同玩法

3. 设置主题式阵营，强化社会适应

社会适应是个体在与社会环境的相互作用中，不断地学习或修正各种行为和生活方式，最终达到与社会环境保持和谐与平衡的过程，也是个体逐步接受所在社会群体的生活方式、行为规范价值观的过程。① 幼儿园就给幼儿提供了这样一个社会适应环境，幼儿需要适应幼儿园、适应班级、适应小组。在运动环境中通过主题式阵营的设置，为幼儿提供团队完成任务的环境，使幼儿在真实情境中，在与团队共进退的过程中，实现这种社会适应。

案例 7-10

一起走出迷宫

迷宫，是吸引人们沿着弯弯曲曲、困难重重的小路不断试误，不断纠错，不断思考，最终找到真相，走出迷阵的游戏。这种神秘之路对幼儿来说非常具有吸引力，于是，教师会在幼儿园布置迷宫，或用纸箱，或用绿色植物。幼儿在走迷宫过程中，总是会遇到困难、遇到错误，因此，幼儿往往能形成一个个小团体，最后一起分享成功的快乐（见图7-9）。

图7-9　迷宫场地设置

案例 7-11

小小兵娃

迷你练兵场里，正进行着一场"战斗"，"红军"要通过封锁线取回情报，"蓝军"守在关口，阻止"红军"通过。但"蓝军"的"弹药"是有限的，用完了需要再次收集，"红军"就可以充分利用这段时间取回情报。在图7-10中，"蓝军"一半幼儿在投放弹药，另一半幼儿在传送收集的弹

---

① 李季湄，冯晓霞.《3—6岁儿童学习与发展指南》解读 [M]. 北京：人民教育出版社，2013.

药。"红军"中的小杜说："你俩掩护我，我先翻过去引开他们，然后你们快速通过！"双方幼儿都对自己的团队有较高的认同感、归属感。幼儿的社会适应就是在活动中逐渐形成的。

图 7-10　"红蓝军"对抗

（二）促进幼儿社会性发展的运动环境

幼儿的社会性发展是不断完善并培养健全人格的过程，良好的社会性发展对幼儿身心健康和其他各方面都有重要影响。幼儿的社会性主要是在生活和游戏中通过与人、与环境互动中潜移默化发展起来的，并在互动中学习与人合作、交往。

1. 促进幼儿合作的运动环境

合作能力是未来社会中非常重要的能力，要从小开始培养。运动环境的创设要为幼儿的合作活动提供便利。

（1）形成认同的团队，保证合作顺利展开。首先，需要营造便于形成群的环境，主要有三种方式：一是自然成群，二是人为成群，三是两者结合。例如，创设"两人三足""一起拼字""互相拉绳""为你送信"等游戏，幼儿为了完成这些游戏，会自然成群，在趣味情境中体验和互动，这样的环境会为幼儿的行为提供一种暗示。幼儿沉浸在这样的环境中，自然而然会提高合作性。

其次，营造认同群文化的环境。可让幼儿一起商议群的标志、口号、队名，如在纸上写上每位幼儿的名字，中间是大家一致认可的队名，如

"啦啦队""托马斯队""爱运动队"等。幼儿对群的认同感很重要，大家会为了共同的目标付出努力。"搭高楼"活动要求每组幼儿尽可能多地搬运砖头，看哪组运得多，搭得高。幼儿认同了自己所在的组后，就会想办法利用环境中的各种器材搬运砖头。这个活动可以显现出团队的力量，让幼儿体验到合作的快乐。所以，环境中的人和物会很好地使幼儿感受群的力量，大家齐心协力地合作完成任务。

（2）要搭建良好的运动环境支架，促进幼儿合作能力的提升。幼儿顺利合作需要一些外力的支持，如环境中的器材、方法、能力等，所以合理搭建支架，让幼儿向上攀爬，会起到事半功倍的效果。

一是提供可持续化的合作器材。可持续化的合作器材，是指在合作情景依次出现，合作难度由低到高层层递进的过程中使用的器材。低合作指比较简单的合作活动，如合作进行拔萝卜游戏。高合作指需要指挥人物、默契的配合才能完成的活动，如合作跳竹竿。该活动器材变化多，提升空间较大，对于每次的提升环境活动最好进行记录。

二是创设具有明确合作程序的环境。群内要确定共同目标；要有角色分工，人人都要参与。要让群内的每名幼儿明确合作程序，这有助于提高合作水平。如摘果子游戏，两组幼儿分别接龙完成跑、钻、爬、跨等动作到达目的地，合作摘果子，将果子抬回来，看哪组摘果子又多又快。该游戏体现了合作程序，形象性的图文符号便于幼儿理解各自的任务和整体的任务（见图7-11）。

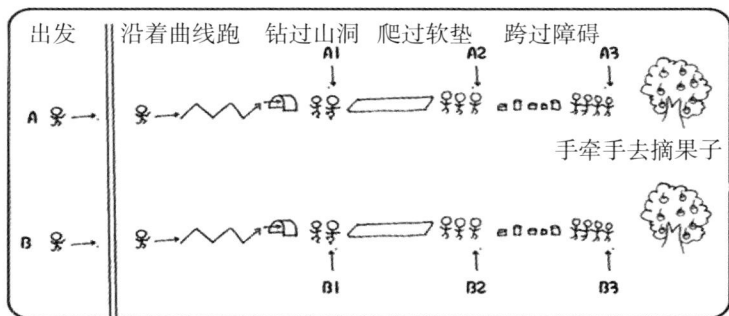

图7-11 摘果子游戏示意

三是引导幼儿合作时协商、服从与齐心。刚开始合作时大家会有很多想法，幼儿可能都不肯放弃自己的想法，这时教师就要引导幼儿学会协商，允许幼儿发表自己的想法，可用抛骰子、贴五角星等方法商议。除了协商还要服从，大家为了一个目标，要服从集体，相互包容，学会延迟满足。要使合作有成效还需齐心，一起努力，过程中可能会有幼儿放弃，不愿坚持，也可能会出现意外，大家要共同承担，直到完成游戏。

2. 促进幼儿交往的运动环境

交往是个体走向社会的必要能力。幼儿从家庭迈入幼儿园，就是走向社会的开始。学会良好的交往策略，建立友善的同伴关系会让幼儿在集体里体验到快乐。交往又是个人综合能力的体现，与幼儿的认知、情感、个性特点、语言、自我意识、经验等相关，所以交往能力的提升会促进幼儿全面发展。

体育活动中有许多交往的机会，营造有意义的运动环境会给幼儿创造交往的机会，促进他们交往能力的提高。

（1）要创设有利于交往的运动环境，增加交往机会。幼儿交往比较被动，主动性不强，教师要起到助推作用，让他们遇见更多的朋友，扩大交往范围。例如，"动物匹配"游戏就是在纸箱里放上一对对动物挂牌，幼儿早上到幼儿园时可随意摸出一个挂在脖子上。等全班幼儿到齐了，教师引导幼儿找到和自己挂牌相同的同学，今天两个人就是好朋友，并将他俩的照片放在一起。与不同的朋友一起进行体育活动，幼儿会得到不同的刺激，也会模仿学习不同的动作，发现自己和他人的不一样。

（2）倡导友好交往的运动环境。幼儿进行体育活动时发生争吵是常有的。有时因为争抢玩具，有时因为找不到朋友一起活动，有时因为不小心碰撞到他人等。教师要认真分析问题，有针对性地给予指导。

首先，为幼儿创设宽松的环境，允许幼儿陈述事件的过程或用图画表达事情的经过。宽松的环境能使幼儿很好地表达观点，也能缓解幼儿紧张的情绪。教师要接纳幼儿的情绪，了解原因，可以用语言或图示帮助幼儿梳理事件的前因后果，并与幼儿一起想办法解决问题。"拉拉钩桥"可供幼儿解决交往中的问题。例如，发生冲突时，让幼儿先去"拉拉钩桥"，沿着桥上的线索——表达情绪，说出不高兴的地方，互相倾听，伸出小拇指拉拉钩等，学习自己解决交往中的问题。

其次，向幼儿展示友好交往的方法。一是要引导幼儿说话友善，并用幼儿理解的符号展示出来。礼貌用语、交往用语都属于友善话语，如"我们一起玩"，"我喜欢你"，"我的玩具借你玩一会儿"，"你跑步很厉害，我佩服你"，"我们是好朋友"等。二是培养友好的态度，并在环境中用笑脸提示。微笑待人、道歉诚恳等都是幼儿认可的友好态度，幼儿园里经常会看到这样的情形，有些幼儿说，"我喜欢他，因为他对我笑"。因此，友善的话语和友好的态度是顺利交往的前提。

最后，处理幼儿间的冲突时，要注意处理的适宜性。不提倡点名批评某一名幼儿，这样可能造成其他幼儿对该幼儿产生不良印象。一旦形成这样的印象，这名幼儿的后续交往可能会遇到问题。教师要在了解清楚前因后果后，与个别幼儿进行交流，注意环境的适宜性，更好地为幼儿创设交往机会。

（三）培养幼儿规则意识的运动环境

体育活动中离不开规则，这样才能体现体育的魅力和公平公正。在幼儿园的体育活动中，培养幼儿规则意识，就需要营造透明、公正的运动环境。

1. 帮助幼儿理解体育活动规则的意义

体育活动有统一规则才能体现竞争性，比赛活动才能有效进行。幼儿自控能力有限，认知和行为有时不能同步。虽然他们知道进行体育活动时要遵守规则，但经常出现违规等行为。教师要理解该年龄段幼儿的特点，也要强化和坚持规则。环境中教师可以创设一些手牌符号，用来警示、提醒，例如，暂停符号、停止手势等教师和幼儿都可以使用，进行互相提醒。

2. 引导幼儿协商制定规则

幼儿间互相商议和认可的规则往往会很好地得以执行，幼儿可以一起商量规则，制定游戏规则，然后按规则进行活动。

3. 教育幼儿敢于承认错误

体育活动中幼儿为了赢得胜利，有时会忽略规则，甚至故意犯规。教师要及时制止，对违反规则后自主调整、大胆承认错误的幼儿给予谅解，让幼儿知道犯错不可怕，改正错误更值得肯定。

（四）促进幼儿情感发展的运动环境

1. 培育幼儿的冒险精神

冒险精神是一种探索世界的勇气，是一种不服输的精神。

幼儿天生好奇好问，敢于探究，这是幼儿接触世界、认识世界的一种方式，充满冒险精神。体育活动也需要冒险精神，幼儿体育活动时的冒险不是莽撞的、随意的，要了解自己的能力，理解规则。幼儿会通过在各种运动环境中的尝试，更了解自己，更愿意体验成功后的那份愉悦。

例如，教师在运动场地布置两种自行车道：一种是平地，另一种是坡地。体育活动中发现幼儿更喜欢挑战坡地，他们会尝试用各种方式上坡、下坡。所以幼儿园可以根据这个情况设计一些供幼儿挑战自我的环境，满足幼儿的冒险心理，使他们更好地适应自然、克服困难。

2. 培育幼儿的勇敢精神

当前很多幼儿园因为害怕出现安全事故，尽量回避创设带有挑战性的运动环境。但勇敢精神能使幼儿有胆量、不懦弱、不胆怯，是一种重要精神。

勇敢和鲁莽的界限要明确，特别是对幼儿来说，教师要鼓励他们在力所能及的范围内自由做各种尝试；当超过能力范围时，教师可以适当鼓励，让幼儿尝试一些有一定难度的体育活动；当远远超过幼儿能力时，就属于"危险"的领域了，这时，就要教给幼儿危险和安全的概念。安全和危险教育同等重要。在运动环境创设中要做到以下几点。

首先，做好幼儿的安全教育，正确选择适合自己的环境。进行体育活动前组织幼儿讨论安全事宜，用画图的方式记录幼儿要注意的事项，帮助幼儿理解勇敢的时候更需要注意安全，让幼儿明白勇敢与安全同等重要。

其次，运动环境要有层次性。每个幼儿的个性、能力、技能均有很大差异，教师要细心观察，为不同幼儿设立不同的挑战目标。对胆子小的幼儿，教师可带领幼儿一起进行体育活动，帮助幼儿勇敢地走出第一步，增加他们的信心；对胆子比较大，有勇气但比较莽撞的幼儿，要多进行安全提醒和防护，使不同类型的幼儿都能在原有的基础上得到发展（见图7-12）。

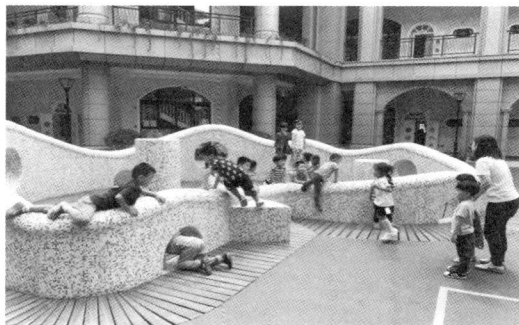

图 7-12　富有挑战性的墙面

3. 培育幼儿的坚毅品质

坚毅是指人们在追求长期目标时展现出来的热情和坚持。宾夕法尼亚大学的达克沃思教授认为，"坚毅才是孩子未来获得成功和幸福的关键因素"。成功需要持久的耐力，不仅仅要坚持一个星期、一个月，甚至要坚持很多年。运动环境创设要为幼儿培育坚毅品质提供平台。

首先，给予宽松的环境。坚毅品质培育需要时间的积淀。让幼儿保持自己的节奏，有利于坚毅品质的养成。要提供开放的、正面的、宽松的环境，了解不同幼儿的成长节奏。引导幼儿关注自己的纵向发展，坚持不懈。

其次，创设激发体育热情的环境。如果环境中充满了趣味性、有吸引力（色彩、声音、难度、内容等），就能调动幼儿参与体育活动的热情。基于年龄特点，幼儿注意力较差，但具体生动的环境会延长他们的积极性，他们会更专注、更坚持。

最后，营造体现成长性评价方法的环境。教师要善用勉励式批评方法，让幼儿相信，"即使现在我还没做到，但通过努力我会做到"，"即使我现在不如你，但我可以向你学习，赶上你"，"即使我现在会了，我还可以再想想有没有更好的方法"。教师需要引导幼儿关注长远目标，不过于在乎暂时的失败。幼儿的受挫能力要从小培养，这样他们才能越来越坦然地面对成功与失败。

4. 培育幼儿的探究品质

探究是幼儿面对多元化世界必不可少的重要能力。

首先，创设引发幼儿好奇心的运动环境，让幼儿在走、跑、跳、攀、爬、钻等动作中进行探究。借助楼梯、地面、连廊、墙壁、操场等，在幼儿易看到、易玩到、易触摸到的地方，投放便于幼儿探究的器材，以达到培育幼儿探究品质的成效。

其次，投放低结构或半成品器材，供幼儿尝试多种组合进行体育活动。例如，绳子、桶、轮胎、筛子、布、木墩、石头、纸箱、沙子、梯子等器材，鼓励幼儿探究多样的玩法，并借助这些器材构建有挑战性的环境，使幼儿社会性能力和多种品质得到提升（见图7-13）。

图7-13　低结构器材组合

最后，创设激发幼儿创造力的运动环境。创设的运动环境要使幼儿能产生联想，进行各种玩法开发，在与环境的互动中产生新奇多样的体育活动。教师尽量不要固定游戏的玩法，推动幼儿积极探究，老游戏也可以有新玩法。例如，"跳房子"是民间游戏，有传统的玩法。教师要鼓励幼儿积极探究数序上的不同组合、跳法上的不同组合，这样就会发现原来"跳房子"游戏可以玩出很多花样（见图7-14）。

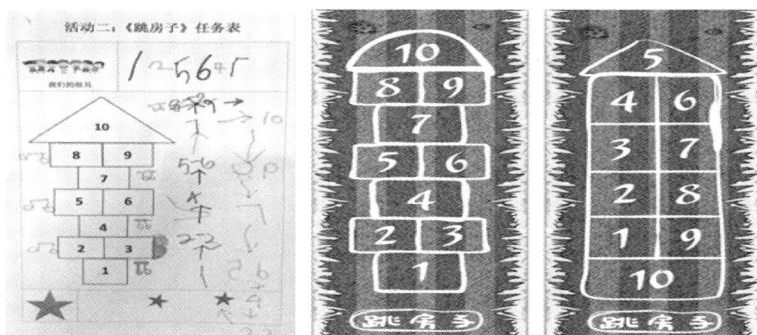

图 7-14　"跳房子"传统玩法与创新玩法

第二节　运动环境与科学、艺术领域的融合

一、运动环境与科学领域的融合

探究既是幼儿科学领域学习的目标，也是幼儿科学学习的途径。幼儿对自然界中事物和现象进行探索并形成解释的过程可以称为幼儿的"科学探究"，幼儿基于对自然环境中事物和现象的认识进一步形成的对其逻辑关系的理解可以称为"数学认知"①。幼儿早期的数学学习和发展是指他们在与周围环境的互动中自发地或在成人的引导下习得数学知识、技能，发展数学认知能力的过程。无论是探究还是数学的学习都是在与环境的互动中，在解决实际问题的过程中获得的。这就给我们如何在运动环境创设中融入科学领域的要素提供了思路。

（一）搭建内容丰富的环境，激发探究欲望

什么样的环境能引起幼儿的注意，什么样的器材能引发幼儿的好奇心，什么样的器材能引发幼儿不断追问？答案是新鲜的、丰富的、不断变化的环境和器材。

---

① 李季湄，冯晓霞.《3—6 岁儿童学习与发展指南》解读 [M]. 北京：人民教育出版社，2013.

案例 7-12

一个人的坚持

在户外自主体育活动时间，教师在幼儿园的户外大操场上布置了PVC管、小推车、小木块、泡沫砖、木头砖、哑铃、滑板车、高跷、皮球、迷彩布、长棒等器材。

第一天，小叶选取小推车、小木块、皮球、PVC管与连接木块的长棒，尝试"击球进洞"活动。但一直没有成功，球总是从"球道"上掉下来（见图7-15）。

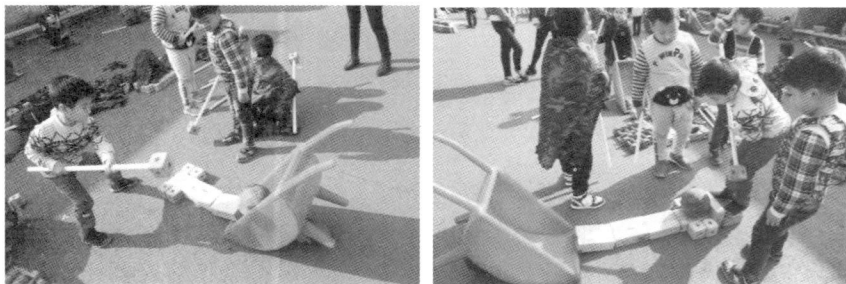

图7-15 初次尝试"击球进洞"活动

第二天，小叶很快找到与昨天一样的器材。首先，他按照上一次的方法连接好每一种器材。但这次他用三块木头砖搭建球道，两侧分别放上两块泡沫砖，接着取来了长短不一的PVC管，做成球杆。把球放好后，小叶拿起球杆，将插有小木块的一头在一侧的木头砖上磨了几下，又在手里搓了几回。最后站在泡沫砖上挥动球杆，球进了！小叶高兴地跳了起来（见图7-16）。之后，他又拿了一块木头砖，仍旧按照之前的方式摆放器材，磨一磨球杆后站到了泡沫砖上。球杆一挥，球打偏了，小叶连忙去捡球，把球放回原位再次进行挑战。他再次完善球道，轻轻挥动球杆，球进了，小叶再一次高兴得手舞足蹈。

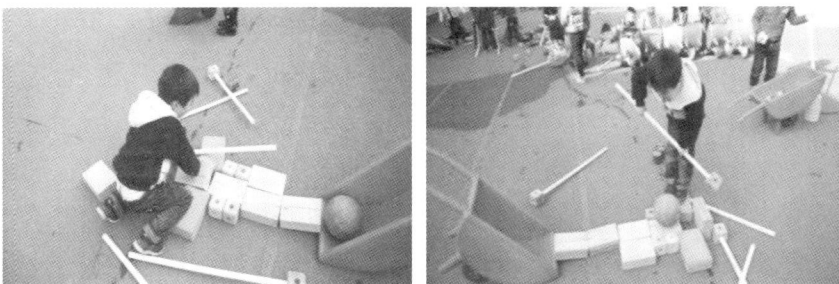

图 7-16　补充"击球进洞"活动材料

第三天，小叶在第二天的基础上扩大了球场，准备再一次挑战。这时，康康走了过来，拿起球杆说："借我玩一下。"小叶连忙将球放回发球点，用手拍了拍一侧的木头砖和泡沫砖。康康学着叶叶的样子磨了几下球杆后准备就位。球杆轻轻一推，球就进洞了。随着球场不断扩大，越来越多的幼儿来尝试（见图 7-17）。

图 7-17　持续探索"击球进洞"玩法

在这个案例中我们可以看到开放的环境、可组合的半成品器材。小叶从生活经验出发，对现有器材进行组织，从模仿开始，不断调整器材，终于获得成功，并得到同伴的认同，使探究得以继续。这样的坚持对其学习品质的形成具有重要作用。

（二）设置蕴含问题的环境，提升探究能力

幼儿探究能力是在经历了"关注问题，进行猜想和假设，设计调查、观察和实验方案并付诸实施，收集信息，形成解释和得出结论，合作、分享与交流"的完整过程后而获得提升的。问题是关键，在运动环境创设中要为幼儿提供隐含驱动性问题的器材，引领并促使幼儿在与环境的互动中既锻炼身体还能获得科学解决问题的能力。

案例 7-13

跷跷板

小宁和小泽在一条板凳上面架起了一块长木板玩跷跷板游戏，玩得很愉快。满满远远看见了，高兴地跑过来加入小泽这一边，小宁被轻松跷起（见图 7-18）。

图 7-18　跷跷板游戏

小宁看到了一旁的雷老师，就喊："雷老师，快来帮帮我。"雷老师坐在小宁这一头，这下小泽、满满被跷起了。看着小泽一脸不服气的样子，雷老师便问道："为什么我能轻松地把你们跷起来呢？"围观的依依说："因为你是大人，大人比小朋友要重，所以你才会赢。"

小泽大喊："快来帮我们！"两个女孩子加入到小泽的队伍，但还是小宁这边赢了。

一直处于围观状态的依依说："会不会是因为雷老师这边的木板长呢？"大家觉得有道理，都从长木板上下来，目测长木板两端与板凳的距离，对长木板进行了调整，保证两边的长度基本一致，然后再开始游戏（见图 7-19）。

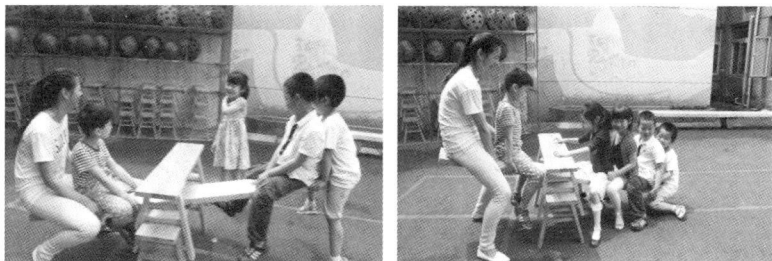

图 7-19　探索跷跷板的原理

此案例中，幼儿自发搭建的跷跷板引发了探究过程。幼儿通过猜测、尝试，最终发现跷跷板下降与人数、重量以及与到支点的距离有关。

幼儿在沙池里玩沙的过程中可以了解干湿、粗细、多少等概念，认识沙子的性质。再提供一个简单的滑轮装置，就可以引发幼儿的探索活动。例如，幼儿用滑轮可以把多少沙子拉到顶端？装满沙子后，幼儿可以拉到哪个位置？教师也可以提出问题，为什么用了滑轮会省力些？两根木头、两根绳子、两个水桶，就成了一个简易的天秤，幼儿可以将沙子放入桶中来感知平衡。此外，还可以将沙子放入筛子，观察什么样的沙子会漏下去，什么样的沙子会留在筛子上，由此来理解物体大小与网格大小的关系。这样的器材投放，既能引发幼儿的认知冲突，又能调动幼儿利用已有经验进行自我解释，形成科学概念。

（三）提供隐含数学任务的器材，提高思维能力

我们生活在一个充满数字信息的时代，数学教育与生活密不可分，幼儿就是在使用数学来完成游戏的过程中，理解抽象的数学概念，得到思维发展的。因此，教师可通过为幼儿提供隐含数学任务的器材与环境，在充满数学与运动氛围的游戏情境中，自然激发幼儿学习数学的兴趣。

案例 7-14

球的聚散，学习 1 和许多

某幼儿园小班在玩叮当球游戏时，教师有意识地通过不断分散、集合、再分散、再集合的方式，让幼儿来初步体会 1 和许多（见图 7-20）。

133

小志说："叮当球上有许多个洞！"教师说："1个大叮当球上有许多个小洞！"教师再一次强调了1和许多。再次游戏时将球当成一个个巨大的蛋，幼儿相互帮助把绳子绑在球上。当听到"来了一条'大青蛇'"时，幼儿拖着蛋四处跑；听到"'大青蛇'走了"时，幼儿返回，一起说："1个1个的蛋回来了，又变成了许多个蛋。"

图 7-20　叮当球游戏

　　数学是一门比较抽象的基础学科，而幼儿的思维又是具体形象的，最好的解决办法就是使创设的环境中、提供的器材中蕴含数学内容。

　　例如，感统器材中就蕴含着数量、形状等数学内容。教师可在教室放置感统器材，让幼儿自主游戏。幼儿通过拼插的方式，将塑料棒、塑料条、塑料块、塑料桶搭建成可进行游戏的器材。幼儿在这个过程中，通过触觉与视觉相结合来初步感知平面与立体形状。幼儿在利用感统器材的过程，来感知空间的大小等（见图 7-21）。

图 7-21　不同形状的感统器材

　　此外，教师可以适当将数字卡片放在塑料圈内，在指导幼儿跳圈（单脚跳、双脚跳）的同时，让幼儿练习数数，可以顺数，也可以倒数；也可以发出"跳单数的圈""跳双数的圈"等指令，让幼儿在跳圈时巩固单双数；还可以在塑料圈内放上加减法试题，让幼儿在跳圈的同时复习口头加减法（见图 7-22）。

图 7-22　跳圈活动

二、运动环境与艺术领域的融合

体验性与表现性是幼儿艺术的特点。幼儿的艺术感受与艺术表现，往往依赖第一印象与直觉反应，他们直接以清新、强烈、活跃的感觉来解释与判断。因此，在设置运动环境时，要有意识地渗入艺术元素，如创设自然和谐、色彩协调的环境。

（一）创设有审美色彩的环境，欣赏美

人的第一感觉是视觉，而对视觉影响最大的则是色彩。对于幼儿来说，色彩就是他们所看到的颜色。颜色源于大自然本身的色彩，蓝色的天空、鲜红的血液、金色的太阳……看到这些与大自然本身的色彩一样的颜色，自然就会联想到与这些自然物相关的感觉体验，这就是最原始的影响。这也可能是不同国度和民族、不同性格的人对一些颜色具有共同感觉体验的原因。比如，红色对于中国人来说，代表喜庆、热闹、幸福，绿色可以给人以清凉、安全之感。

幼儿会受到周围生活环境潜移默化的影响，来感受体会什么是美、什么是丑。因此，在为幼儿创设运动环境时，无论是大环境的设置，还是器材的投放，都应注意色彩的和谐。对于小班来说，环境与器材的设置和投放可多用对比色，以强烈的色彩对比，激发幼儿对体育运动的兴趣，增加体育运动的积极性。对于中班、大班来说，可选用同类色，有舒缓情绪、调节运动量的作用。同时，也要让幼儿了解，对比色、同类色的运用也是一种美。

大型玩具是有利于幼儿多种动作练习的综合性玩具，是各幼儿园必备的器材。大型玩具大多为纯色，缺少艺术性。某幼儿园在设计大型玩具时，让大型玩具与草地、大树相融合，而非突出其中一个。在绿色的大环境中，再次大量运用了绿色，只是点缀式用蓝色、黄色、橙色，且均不用纯色，尽量让色彩柔和、不刺眼。草地游戏、大型玩具活动本身就容易激发幼儿兴趣的活动，这样的环境可以帮助幼儿适当调整情绪。

攀爬墙，由一面墙和众多的节点组成。幼儿完成从左到右或从下到上的任务时，需要重复练习，有一定难度且相对枯燥。这时，就需要色彩来帮忙。强烈的对比色彩，会使攀爬墙在环境中凸显出来，吸引幼儿的目光。此外，强烈的对比色彩也能激起幼儿兴奋的情绪、运动的激情。一些相对单调的器材与活动，均可以采用对比色来打造。同时，幼儿也能在环境中感受到，同类色是一种美，对比色是另一种美。

（二）创设真实、有生命意义的环境，感受美

大自然是天生的艺术家，蕴含着各种美的体验。卢梭曾说，如果他从来没有在干燥的原野上跑过，如果他从来没有受过太阳从岩石上所反射的闷人的热气，他怎能领略那美丽的清晨的清新空气呢？因此，幼儿园运动环境，要充分利用大自然的馈赠，让幼儿充分活动、充分感受美。

幼儿园的草地要尽量保持原生态，人工草地养护难且不能被随意踩踏，原生态的草地上各种生物会展现出自由的状态，充分体现出大自然的美。春天的蒲公英、马兰头、荠菜，夏天的蚂蚱，都会给幼儿带来生命的美。幼儿可以在草地上滚一滚、爬一爬、躺一躺，体验草地的柔软、泥土的芬芳。

在自然形成的山坡上，幼儿可以推着独轮车来回奔跑，感受上坡、下坡带来的不同感受；在山坡上挖一个山洞，再加上小竹桥与沙袋，幼儿在

这样的环境中游戏，可以感受真实与自然（见图 7-23）。

图 7-23　山坡环境

　　幼儿可以结伴爬上大树，观察树皮的纹理，感受大树粗糙的皮肤；或坐在大树的树干上，从上向下看，体会"近大远小"。幼儿也可利用梯子，使用工具收获果实。幼儿就是在这样的真实情景中感知真实的事物，并由此积累起丰富的感知经验。

　　在沙池里，幼儿可以通过挖掘、堆积等对沙子进行重新塑形，可以是动物，也可以是汽车、坦克、飞机、大炮，这是专属于幼儿的建筑艺术和雕塑艺术。幼儿可以在水塘里感受流动的水，观察游动的泥鳅、蝌蚪和小鱼，欣赏大自然绚烂的色彩。在树林里，幼儿可以感受树叶四季的变化，嫩绿、浅绿、鲜绿、墨绿、枯黄、金黄，聆听脚踩在厚厚的树叶上发出的沙沙声，欣赏将树叶抛向空中的美丽，以及树叶从枝头缓缓落下的弧线。

　　（三）创设有差异、有挑战性的环境，表现美

　　体育活动中幼儿全身心投入的姿态很美，由内而外发出的笑声很美，胜利的笑容很美。要想让幼儿在体育活动中表现这种自信的美，就要在体育活动环境中提供有差异的、具有挑战性的环境，让每一个幼儿都能根据自己的个性，进行体育活动，最终获得专属于自己的独特、健康的美。

案例 7-15

运动中的美丽姿态

　　走过宽 20 厘米、高 90 厘米的独木桥，或从高 1.2 米的地方跳下，对幼儿来说都是有挑战性的。图 7-24 中的幼儿通过不断的尝试与练习，可

以轻松走过独木桥，跃下高台，享受着同伴欣赏的目光、教师的喝彩。运动中的幼儿姿态最美。

图 7-24 有挑战性的运动环境

（四）创设有想法、独特的环境，创造美

幼儿所感知的东西越多，就越想多看、多体验。创设的环境越丰富，对于幼儿审美能力的提高越有帮助，同时也有助于其艺术创造性的发挥。教师要善于听取幼儿的想法，为他们的想法变成现实提供支持。

案例 7-16

精彩的表演，全新运动

奥运会开幕式中精彩的表演让幼儿产生了兴趣。他们先讨论了表演的内容与道具，然后用粉笔在地面上画出了轮廓，最后拿上道具，摆出了奥运五环、五角星，以及飞机的形状。

此外，幼儿尝试用器材来摆出各种形态。先由几名幼儿在地上摆出各种运动的姿态，其他幼儿用粉笔勾勒出轮廓，然后他们想办法收集了可以利用的器材，运用丰富的想象力进行填充（见图 7-25）。

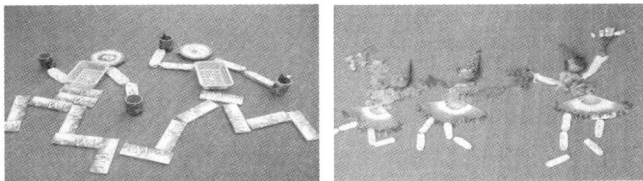

图 7-25　利用器材完成造型填充

一个理想的运动环境应该是既能够激发幼儿运动欲望的物质空间，同时也是能够吸引和接纳幼儿作为其中的特殊一员而完全释放自我，在自由运动中探索、合作、冒险、忘情和成长的精神空间。幼儿园运动环境创设的终极目的，是促进幼儿的成长与发展。因此，在创设运动环境的过程中，要关注体育与各领域的融合，让幼儿在运动环境中可以能动地去思考、去探究、去融入、去挑战、去驾驭。

第八章　促进幼儿中高强度体力活动的运动环境

第一节　体力活动基本概述

一、体力活动的内涵

体力活动（physical activity，PA）是指个体进行的某种由任何机体骨骼肌收缩而产生的能量消耗总量大于机体在基础水平时的能量消耗的身体活动。[①] 体力活动是促进幼儿健康成长的一个主要推动力。坚持运动的幼儿与不运动或缺少运动的同龄幼儿相比，其胸围、肺活量、握力分别增加5—8厘米，500—1500毫升、4.6—5.7千克，坚持锻炼有助于幼儿的生长发育。[②] 充足的体力活动不仅能促进幼儿的体格发育、能量平衡和身心健康，还能在促进基本动作技能形成、骨骼健康、减少心血管疾病等多个方面发挥积极作用。近年来，体力活动的减少、静坐时间的增多严重威胁着人们的健康生活。对于全球幼儿肥胖发生率迅速上升，体力活动的减少及静态生活方式的增加是潜在危险因素。[③]

体力活动主要包括活动的强度、持续的时间、频率等元素。日本的安斯沃思等于1993年首次发表了有关体力活动概要的文章，并给出了各种体力活动的代码，主要根据能量消耗率，即活动强度对各种体力活动进行分类编码。每种体力活动的代码为五个数字，代表了各种状况下的特异性体力活动，同时给出了各种代谢当量（MET）强度水平。1MET就是指静

---

①　Caspersen C J, Powell K E, Christenson G M. Physical activity, exercise, andphysical fitness: Definitions and distinctions for health-related research[J]. Public Health Reports, 1985, 100(2): 126–131.

②　王心永. 合肥市幼儿生长发育现状研究 [D]. 北京：北京体育大学，2009.

③　洪茯园. 上海市部分中学生体力活动和静态生活现状调查及影响因素的研究 [D]. 上海：上海体育学院，2010.

坐时的静息代谢率。①

在《国际体力活动量表》中，高强度体力活动是指身体需要努力发挥潜能，呼吸变得非常急促，至少持续 10 分钟的活动，如搬重物、激烈的体育锻炼、快速骑车等。中等强度体力活动是指呼吸比安静时更急促一些，至少持续 10 分钟的活动，如搬较轻的物体、匀速骑车等。

2000 年，中国营养学会把劳动强度分为轻、中、重三级标准（见表 8-1）；1987 年，美国第十版身体活动分级标准中，把劳动强度分为休息状态、极轻、轻度、中度、重度五级（见表 8-2）。此外，根据帕特等提出的体力活动强度分级标准进行分级：小于 3MET 为低强度体力活动，3—6MET 为中等强度体力活动，大于 6MET 为高强度体力活动。

表 8-1　中国营养学会的劳动强度分级标准

劳动强度分级	时间分配	举例	能量 / 千卡（男：18—44 岁）
轻	75% 时间坐或站立；25% 时间站着活动	办公室工作、修理电器、化学试验操作、讲课等	2400
中	25% 时间坐或站立；75% 时间特殊活动	学生日常活动、机动车驾驶、电器安装、车床操作、金工切割等	2700
重	40% 时间坐或站立；60% 时间特殊活动	非机械化农业劳动、炼钢、舞蹈、体育运动、装卸、采矿等	3200

表 8-2　美国第十版身体活动分级标准

劳动强度分级	举例
休息状态	睡觉、斜靠着休息
极轻	坐着或站着、绘画、驾驶、实验室工作、打字、缝纫、熨衣、烹调、弹奏乐器
轻度	以 4—4.8 千米 / 时速度平路行走、汽车修理、餐饮服务、清洁室内、幼儿护理、打高尔夫球、划船、打乒乓球等

①　赵文华、丛琳. 体力活动划分：不同类型体力活动的代谢当量及体力活动的分级 [J]. 卫生研究，2004，33(2):246–249.

续 表

劳动强度分级	举例
中度	以 5.6—6.4 千米 / 时的速度行走、除草及锄地、扛重物、骑车、滑雪、打网球、跳舞
重度	载物上坡行走、伐树、手工采锯、打篮球、攀岩、踢足球、玩橄榄球

还可以通过面部表情评价表来获取幼儿体力活动强度的反馈信息，[①] 其中，1= 没有活动；2= 微有活动；3= 低强度活动；4= 中强度活动；5= 高强度活动；6= 超强度活动。根据以上的体力活动强度分级标准，本书也对幼儿园中一些常见的体力活动强度进行了分级（见表 8-3）。

表 8-3　幼儿园体力活动强度

体力活动强度	分类
低强度体力活动	静坐
	站立
	坐 / 蹲坐
	躺卧
中等强度体力活动	跳舞（有氧）
	游泳
	步行 2（4.5—5.1 千米 / 时，水平硬地面，以锻炼为目的）
	快走（每次不少于 10 分钟）
	走楼梯
高强度体力活动	跳绳
	踢足球
	跳跃
	骑车 1（山地、上坡，吃力）
	骑车 2（16.1—19.2 千米 / 时）
	步行 1（无负重登山）
	跑步（走跑结合，跑步时间少于 10 分钟）

二、幼儿体力活动的测量

目前测量幼儿体力活动的方法主要有主观评价法和客观评价法。其

---

① 黄意蓉 . 幼儿体育活动强度评价量表的设计与应用 [D]. 北京 : 北京体育大学 , 2013.

中，主观评价法包括行为观察法、体力活动问卷；客观评价法包括双标水法、间接热量测定法、心率监测仪、运动传感器、加速度计等。这两种测量方法相辅相成，各有优缺点。主观评价法简单、方便、成本低，客观评价法则更具科学性、准确性。

（一）主观评价法

就目前而言，在幼儿体力活动研究中运用最为广泛的是 2006 年开发的一套"儿童体力活动行为观察记录系统"（the observation for recording physical activity in children，OSRAC）。该系统工具分为托幼机构版（OSRAC-Preschool）与家庭版（OSRAC-Home）。其中，托幼机构版共包含八大一级行为项目观测指标，即体力活动水平、体力活动类型、活动场所、户外活动内容、室内活动内容、活动发起者、活动组织形式、活动中言语提示等。使用该系统需要在观察前明确统一的行为操作性定义，然后再运用"行为检核表"进行观察。其中，以 30 秒作为一个时间样本（5 秒观察，25 秒记录）。此外，该系统不仅能够记录幼儿的体力活动水平和类型，还能观察到与幼儿的体力活动相关的社会性情境信息（如户外活动内容，活动发起者）。

（二）客观评价法

目前而言，国际上最先进的方法是采用加速度计来识别幼儿的体力活动水平。它主要是佩戴在幼儿的手腕或踝部来收集数据，但是价格较为昂贵。

例如，小米手环是一种新型的计步器，内置三轴加速度传感器 ADXL362，三轴加速度传感器的三轴是指空间中的 X、Y、Z 三个维度，有了这三个维度，小米手环就可以捕捉到使用中的变化，从而生成数据。此外，它的体积和重量很小，具有较大的存储能力，可以待机 30 天。小米手环能对佩戴者的体力活动情况进行较长时间的监测，并能提供体力活动持续的时间、体力活动消耗量等。小米手环还可以通过手机应用实时查看运动量，监测体力活动情况。

三、幼儿体力活动推荐量

充足的体力活动是影响幼儿健康成长发展的重要因素。就目前而言，多个国家都已经制定了专门针对幼儿的体力活动指南，但各指南中对于体力活动时间与强度的标准尚未完全统一（见表8-4）。

表8-4　主要国家学龄前幼儿体力活动推荐量

国家	年龄	体力活动推荐量
中国	3—6岁	每天至少进行两个小时的体力活动，应尽量减少长时间静坐
美国	3—5岁	每天至少进行结构性体力活动一个小时和数小时的非结构性体力活动，除睡觉外，一次性静坐时间不要超过一个小时
英国	0—5岁	每天至少进行三个小时的体力活动，应尽量减少长时间静坐
加拿大	3—5岁	每天至少进行任意体力活动三个小时，并且至少包含一个小时的中高强度体力活动
澳大利亚	1—5岁	每天至少进行三个小时的体力活动，看电视、玩游戏等静坐时间每天不应超过一个小时
爱尔兰	2—18岁	每天至少进行一个小时中高强度体力活动

第二节　影响幼儿体力活动的自然和社会环境因素

幼儿需要一定水平的体力活动以保证正常的生长发育和基本动作技能的发展，[①]尤其是中高强度体力活动与幼儿身体生长呈显著正相关。[②]每天户外活动2—3个小时，中高强度体力活动一个小时是美国、英国、中国等所倡导的学龄前幼儿所需要的体育活动时间与运动强度。然而研究表

---

①　Clark J. Motor development[M]//Ramachandran V S. Encyclopedia of Human Behavior. San Diego: Academic Press, 1994.

②　赵广高，王茹，全明辉，等. 体力活动对学龄前儿童身体生长的影响[J]. 上海：上海体育学院学报，2017(4): 65–69; Cagne C, Harnois I. The contribution of psychosocial variables in explaining preschoolers' physical activity[J]. Health Psychology, 2013, 32(6): 657–665; William H B, Skarin A P, Kerry L M, et al. Social and environmental factors associated with preschoolers' nonsedentary physical activity[J]. Child Development, 2009, 80(1): 45–58.

明，学龄前幼儿体力活动水平普遍不足，中高强度体力活动更为缺乏，[①]
而且随着年龄的增长，静态行为时间呈显著上升趋势，低强度体力活动和
中高强度体力活动的时间均呈显著下降趋势。[②]世界卫生组织提出，体力
活动不足是导致人类死亡的第四位因素。幼儿时期的肥胖与成人肥胖及多
种慢性病低龄化有紧密联系，幼儿超重可能导致成人肥胖和成为重要的健
康隐患。幼儿园是幼儿生活与学习的主要场所，这就意味着幼儿园是提高
幼儿体力活动水平的重要基地，其相关设施可能是预防幼儿肥胖，增强体
质，提高体力活动水平的重要条件。

一、影响幼儿体力活动水平的自然环境因素

赵伟、张莹研究表明，幼儿园的活动场所、活动类型、活动器材等自
然环境会影响到幼儿的体力活动水平。

（一）活动场所

不同的活动场所会引发幼儿不同的行为。椅子、地毯、靠垫、积木、
桌上的水彩笔等物品均会鼓励幼儿的静坐行为。带秋千、滑滑梯的器材，
山洞、高跷、三轮车、攀爬架等则会导向运动环境。与静坐行为唯一关联
的是环境的呈现方式，这与环境的大小和使用方法关系不大。[③]活动场所
对幼儿体力活动水平的影响并不如我们想象中那么大。

①　Baker J L, Olsen L W, Sorensen T I A. Childhood body-mass index and risk of coronary heart disease in adulthood[J].
New England Journal of Medicine, 2007, 357(23): 2329–2337; William H B, Karina P, Kerryl M, et al. Assessing preschool
children's physical activity: The observational system for recording physical activity in children-preschool version[J]. Research
Quarterly for Exercise and Sport, 2006, 77(2): 167–176; 张健，孙辉，张建华，等. 国际儿童青少年身体活动研究的学科
特征、动态演进与前沿热点解析 [J]. 体育科学，2018(12): 77–78; Reilly J J. Low levels of objectively measured physical
activity in preschoolers in child care[J]. Medicine and Science in Sports and Exercise, 2010, 42(3): 502–507; Alhassan S, Sirard
J R, Robinson T N. The effects of increasing outdoor play time on physical activity in Latino preschool children[J]. International
Journal of Pediatric Obesity, 2007, 2(3): 153–158; 赵伟，张莹. 体育游戏背景下音乐速度对 4—5 岁幼儿体力活动水平的
影响 [J]. 中国体育科技，2018(1): 39–48.
②　方慧，全明辉，周悦，等. 儿童体力活动变化趋势特征及其对体适能影响的追踪研究 [J]. 体育科学，2018(6):
44–52.
③　Karenl T, Rachel A J, Anthony D O. Correlates of children's objectively measured physical activity and sedentary
behavior in early childhood education and care services: A systematic review[J]. Preventive Medicine, 2016(89): 129–139.

（二）活动类型

室内幼儿的行为以坐／蹲、躺、站立等为主。在户外时主要有走、跑、跳、攀爬，以及韵律性动作等活动形式。过渡环节以走为主。幼儿在户外比室内和过渡环节更容易出现体力活动。

（三）活动器材

通常我们以为只要给幼儿提供足够的器材，他们的体力活动水平就一定能够达到标准。但是，当地面上堆放着积木、轮胎、梯子和凳子时，幼儿的体力活动水平不但没有提高，反而出现了更多的静坐行为。

二、影响幼儿体力活动水平的社会环境因素

（一）活动发起者

从活动发起者来说，虽有研究指出，幼儿发起的活动相比教师发起的活动更容易出现中高强度体力活动，[1] 但是，赵伟、张莹研究表明，无论是室内还是户外活动，教师发起的活动中高强度体力活动较多，而幼儿自发的活动以静坐或低强度体力活动为主。这可能是因为教师会有意识地利用幼儿的身心发展特点提高幼儿的体力活动水平。[2] 虽然我们相信"幼儿是具有自我学习能力的"，但是幼儿的认知与动作经验毕竟有限，很多运动技能不是通过自我探究就能获得的，必须通过教师适宜的传授。同时，由于幼儿体育活动以玩耍为主，活动内容、形式也会因他们的兴趣与喜好变动，[3] 而由教师发起的体育活动，当幼儿掌握后，活动内容形式较为固定。

（二）人员构成

从人员构成来看，多名幼儿在一起时更容易根据动画片、娱乐节目、

---

[1] Heather M Z, Matthewp N, Verena B, et al. Adult attention and interaction can increase moderate-to-vigorous physical activity in young children[J]. Journal of Applied Behavior Analysis, 2016(49): 1–11.

[2] Tandon P S, Saelens B E, Christakis D A. Active play opportunities at child care[J]. Pediatrics, 2015, 13(6): 1425–1431.

[3] Timmons B W, Leblanc A G, Carson V, et al. Systematic review of physical activity and health in the early years (aged 0–4 years) [J]. Applied Physiology, Nutrition and Metabolism, 2012, 37(4): 773–792.

绘本等内容自创游戏，而幼儿独自一人时更倾向于做手工、玩沙子、阅读等活动。[1] 幼儿与成人一起时，以成人的导向为主，这在某种程度上会影响到幼儿参与活动的积极性与持续性。[2] 但是不能一概而论，成人参与的问题是多方面、复杂的。成人的参与可能是促进幼儿体力活动的非常重要因素。[3] 活动中成人的行为会影响到幼儿参加体力活动的程度。[4] 如果运动目的是提高幼儿的体力活动，尤其是中高强度体力活动，成人参与是必要的。等级越高的幼儿园对教师的要求越高，教师对体育基本知识的了解越多，实践中对幼儿体力活动水平越重视。我们倡导不干涉幼儿正在进行的体力活动，相反，鉴于现有限制幼儿体力活动的一些因素，树立榜样、鼓励、认同可以帮助提高幼儿体力活动水平，让教师参与到幼儿体力活动中，增加幼儿中高强度体力活动。[5]

（三）成人或同伴的指示

对于成人或同伴的指示，不同年龄段幼儿反应也不同。对于 3—4 岁幼儿来说，成人或同伴的鼓励对他们影响不大，而对于 4—5 岁幼儿来说，成人或同伴的鼓励对他们的影响非常大，常常能激发他们的挑战欲望。

---

① Gordon E, Tucker P, Shauna B, et al. Effectiveness of physical activity interventions for preschoolers: A meta-analysis[J]. Research Quarterly for Exercise and Sport, 2013, 84(3): 287–294.

② Gubbels J S, Kremers S P, et al. Interaction between physical environment, social environment, and child characteristics in determining physical activity at child care[J]. Health Psychology, 2011, 30(1): 84–90.

③ Mckenzie T L, Vandermars H. Top 10 research questions related to assessing physical activity and its contexts using systematic observation[J]. Research Quarterly for Exercise and Sport, 2015, 86(1): 13–29.

④ Karenl T, Rachel A J, Anthony D O. Correlates of children's objectively measured physical activity and sedentary behavior in early childhood education and care services: A systematic review[J]. Preventive Medicine, 2016(89): 129–139; Dowda M, Brown W H, Mciver K L. Policies and characteristics of the preschool environment and physical activity of young children[J]. Pediatrics, 2009, 123(2): 261–266; Trost S G, Ward D S, Senso M. Effects of child care policy and environment on physical activity[J]. Medicine and Science in Sports and Exercise, 2010, 42(3): 520–525; Kara K, Palmer, Katherine M, et al. The effect of the CHAMP intervention on fundamental motor skills and outdoor physical activity in preschoolers[J]. Journal of Sport and Health Science, 2019(8): 98–105; Bower J K, Hales D P, et al. The childcare environment and children's physical activity[J]. American Journal of Preventive Medicine, 2008, 34(1): 23–29.

⑤ Pate R R, Mclver K, Dowdam, et al. Directly observed physical activity levels in preschool children[J]. Journal of School Health, 2008, 78(8): 438–444.

（四）教师的约束

教师组织集体活动时，幼儿的体力活动水平会得到很大提升。幼儿室内体力活动和静坐行为的增加和减少与教师的约束紧密相连。如果教师允许幼儿在室内奔跑、打闹、跳跃，室内的静坐行为就会减少很多；教师提供的活动机会也会增加幼儿的体力活动。当不适合户外运动，教师有意识地组织幼儿进行室内的跳跃、跨、投掷、钻、爬、攀等运动时，幼儿的中高强度体力活动极易出现。

三、促进幼儿中高强度体力活动的环境构成要素

赵伟、张莹的研究表明，开放空间、球类器材、固定器材、带轮器材、角色游戏、便携式器材等有助于幼儿的中高强度体力活动。

开放空间：开放空间中，幼儿不受约束，更加自主、自由，可以随意奔跑、追逐，容易产生中高强度体力活动。

球类器材：球类活动时，幼儿的拍打、追逐、踢、抛接、奔跑、跳跃等中高强度体力活动较为可见。

固定器材：滑滑梯、秋千、旋转马车、攀爬架等固定器材能让幼儿获得不同的体验，推动幼儿不断重复进行活动。

带轮器材：带轮器材能让幼儿充分地体验到移动的速度变化，比如自行车、滑板车等器材深受幼儿喜爱。

角色游戏：由于具有强烈的情境代入感，角色游戏能长时间维持幼儿对体力活动的兴趣。

便携式器材：便携式器材因携带方便，在不断变换场地、玩法的过程中容易引起幼儿的中高强度体力活动。

第九章 幼儿园高质量运动环境中的安全管理

幼儿虽处于快速生长发育时期，但无论是器官还是机能都远未完善，极易受伤。另外，幼儿的活动愿望较为强烈，但是缺乏相应的知识经验，不懂得自我保护，特别是体育活动中幼儿的身体处于亢奋状态，活动量和活动强度都较大，而他们自我调节与控制身体的能力又较弱，相对于其他活动更易受伤。

在高质量的运动环境创设中，要充分考虑到安全因素，将体育活动中的危险、威胁、隐患等因素控制在可控范围内，尽最大可能将幼儿受伤的可能性降到最低，这样才能既满足幼儿自身发展的需求，又达到保护幼儿的目的。

第一节 幼儿园运动环境中的危险因素分析

一、影响场地安全的因素及解决策略

（一）影响场地安全的因素

活动场地是开展体育活动的最基本条件，由于所处的地域、教育理念及建设规划等方面存在差异，幼儿园内的体育活动场地各不相同，在地理位置、场地规格、场内设施等方面都有明显的区别，这些都是影响体育活动开展安全性的重要因素。

1. 区域划分的合理度

一般幼儿园的运动场地都是多种多样的，位于园内不同地方。各幼儿园会对不同的运动场地进行相对稳定的功能划分，这样便于分散人流、充分发挥各区域的作用。功能区域的划分，不仅要考虑人员分流的问题，更

应考虑安全问题。如将远离水源且没有树荫的区域设为玩沙区，在太阳暴晒下，幼儿玩沙过程中易被灼伤；如果将安装有大型玩具的区域定为奔跑区，大型玩具可能会成为障碍，影响到幼儿奔跑过程中的安全；如果在硬质地面设置攀爬区，幼儿跳下来或摔下来都易受伤……区域功能的划分必须充分考虑合理度，定点、定位、定功能等要多方考虑。

2. 地质地貌的匹配度

运动场地的特点、功能、规模是由陆地的地形、地势、地质决定的。[①]地域的不同影响地理状况和自然环境，处于不同地域的运动场地就会呈现不同的地质地貌，这种差异性使运动场地在功能上体现出多样性，满足幼儿的不同需要。如果开展体育活动时不考虑场地与体育活动内容的匹配度，就容易对幼儿造成伤害。比如开展从高处向下跳活动时，没有在地面铺设任何缓冲器材，就有可能造成幼儿脚踝扭伤等；如果在粗糙的地面上练习爬行，有可能让幼儿的皮肤擦伤……不是所有的场地都适合各项体育活动的开展，应在场地的选择上充分考虑体育项目与地质地貌的匹配度，这样才能避免不必要的伤害。

3. 运动时段的适宜度

同一个区域的状况在不同季节、不同时段会有所不同，如空旷的大操场，在冬日阳光下是暖洋洋的，适合开展多种体育活动，夏季时太阳暴晒且没有遮阴，就要适当减少在此处的活动时间，否则有可能导致幼儿中暑；雨后草地上比较湿滑，不适宜奔跑……在合适的时间选择合适的场地才是安全的。

（二）确保场地安全的策略

1. 规划设计以安全为前提

幼儿园的运动场地并不都是纯天然的，需要通过规划设计进行后期改造。设计改造场地时要充分考虑体育活动的安全性，在位置与材质的选择上与区域的自然条件相匹配，在平滑度、干湿度、软硬度及坡度上进行精心设计。选址要远离污染，空间尺度符合体育活动要求，细节、边界处理

---

① 熊茂湘. 体育环境导论 [M]. 北京：北京体育大学出版社，2003.

上充分考虑安全性；选材上要无毒无害，不易腐蚀变形，对于不同功能的地面选择不同铺面。既要体现多样性，适合开展各类体育活动，又要确保安全性，使不同的运动内容都有相对匹配的场地，把安全隐患控制在最小范围。

2. 区域划分与活动相匹配

划分区域的主要目的在于物尽其用，分散人流，合理的区域设置是保障各区域活动有序进行的前提。根据场地的位置、规格、材质，遵循幼儿身心发展特点及课程的需要，[①] 充分挖掘各类场地的特有功能，对全园的户外场地进行区域划分，既要考虑各区域活动的性质和要求，又要充分考虑安全因素。区域数量及区域空间的设置需根据活动场地大小灵活安排。若户外场地较小，可考虑将活动性质相近的区域合并。应考虑各区域活动内容和性质的匹配度，既要有运动量较大的活动区，满足幼儿奔跑、跳跃类活动等需求，也要有运动量较小的活动区，用于练习钻爬、攀登等；既要有练习基本动作技能的活动区，也要有发展综合运动素质的活动区。各区域应有明显的标志和确定的活动范围，便于幼儿选择。这样的区域划分既可以满足幼儿运动的需求，又兼顾幼儿安全的需要。

3. 辅助配置与需求相协调

受客观条件限制，幼儿园的现有场地不可能满足所有体育活动的开展，为了保证各项体育活动的落实，只能充分挖掘现有场地的功能，一地多用。为了保证安全，要对场地做一些细节上的处理，增加一些辅助配置，以弥补现有场地的不足。例如，增加防护性边界，如轮胎、灌木丛等；更换部分铺面材料，在攀爬墙铺设塑胶垫。此外，还要解决好排水问题，在场地周边铺设排水沟，并覆上盖板，以免积水给幼儿运动带来伤害等。

---

① 姚蕾. 体育教学环境的构成要素、功能与设计 [J]. 北京体育大学学报，2003(5): 649–651.

二、影响器材安全的因素及解决策略

（一）影响器材安全的因素

幼儿园的运动器材由于所用材质、规格、设计制作工艺等的不同，各具特点与锻炼价值，这些也是影响体育活动安全性的重要因素。质量优良、性能稳定、安全可靠的运动器材可以促进幼儿运动能力的提高；反之，运动器材也会成为危害幼儿的利器，使幼儿在运动中受到伤害。

1. 材质的适宜性

制作器材的材质多种多样，有天然的，也有人造的，如木头、金属、塑料等。这些材质与地域环境、运动功能相适宜是保障运动器材安全性的基础。各种器材在不同的自然条件下所产生的使用效果是不同的，如金属器材在热带容易发生腐蚀，而在寒冷地区却会吸收冷气，不适用；塑料遇到低温易变脆，容易产生安全隐患；木头在潮湿地区易霉烂，影响到使用安全性。也有一些幼儿园出于节约或者创意需要，对生产生活中的废弃物进行加工处理后投入使用，如轮胎、建筑器材或者包装器材等自制器材，这些器材虽然较有新意，但是选择时必须考虑到安全性。比如，有些幼儿园直接把砖块当作器材供幼儿玩耍，砖块有棱角，表面粗糙，分量重，不仅容易划伤幼儿，还易砸伤幼儿，在幼儿园不适宜做器材。为了保证器材的安全性，在选择器材时必须考虑材质的适宜性。

2. 规格的适龄性

幼儿园的器材是为了满足幼儿运动与锻炼的需要，所以规格应该符合幼儿年龄特点，幼儿的身体尺寸直接影响着空间的大小和使用情况，是确定设计尺度的主要依据。[1] 某些幼儿园的自制器材，一味追求挑战性，超大超长、超高超重现象较为严重，不仅威胁到幼儿的安全，也给幼儿园的管理带来很大问题。运动器材的规格一定要考虑适龄性，满足幼儿体育活动的需要。

---

① 汪颖赫. 幼儿园户外空间环境设计研究 [D]. 哈尔滨：东北林业大学，2011.

3. 工艺的精密性

从安全角度出发的器材制作工艺指的是器材的光滑度、牢固度、灵活度等，从设计角度来说，虽然不涉及复杂的科学原理，但必须做到精工细作。某些玩具厂家，片面追求经济效益，但在质量上无法达到国际标准，因其价格便宜，成为很多幼儿园的选择。

4. 设置的合理性

不但要关注器材本身的安全问题，器材的设置也要合理，器材的位置、朝向、间距、数量等也是影响幼儿安全的重要因素。有些幼儿园随意摆放大型器材，致使这些器材本身成为安全隐患。例如，将木制器材放置在阴暗潮湿的地方，导致发霉等；又如器材之间距离太近，彼此成为障碍；小型器材杂乱堆放，不仅幼儿选用时不方便，还易倒塌，给幼儿带来伤害。

（二）确保器材安全的策略

1. 选配器材关注专业性

幼儿园的大多数器材是购买的，采购各类器材时要注意选择专业厂商的产品，因为专业厂商的产品在设计、选材与制作上充分考虑了幼儿的年龄特点，这样不但能保证器材的品质，延长使用寿命，更关键的是能确保幼儿的安全。大型户外器材一定要选择防腐性能强、不易变形的产品，充分考虑地域性和器材的适应性，体现自然与环保。通常每个幼儿都配有小型器材，小型器材的选择一定要考虑规格与年龄的匹配性，应该做到品种多样、工艺精细、数量充足，能够满足不同幼儿各类体育活动的需求。

2. 自制器材体现安全性

自制器材经常是废物利用的产物。首先要对原器材进行适当加工，如原储物类器材必须清洗、消毒后再加以利用；竹子、木头等要进行表面光滑度处理后再进行利用。图 9-1 中幼儿摘西红柿的工具是用木棍与竹篓自制而成的，教师在木棍上缠上布带，既增加了摩擦与美感，也保护了幼儿的手部。此外，加工工艺要科学，既要符合幼儿的运动习惯，也要符合科学原理，又能够满足运动时抗压、抗摔、耐高温等需求。

图 9-1　自制工具

3. 设置器材突出合理性

选择安全的器材也不一定能确保幼儿的安全，器材的合理设置同样是影响幼儿安全的重要因素。器材安放位置、器材之间的间距、小型器材的收纳都值得认真研究。不同材质的器材安放要选择不同的位置，如大型器材的安放要选在幼儿进出方便、相对空旷处，木制器材要安放在地势偏高、雨后不易积水的区域。大型器材之间的距离以幼儿相互不碰撞为标准，大型器材与树木之间的安全距离也可以此为参照。小型器材的安放标准包括分类收纳、相对固定、便于取放，以方便幼儿安全使用为前提。

4. 器材维护强调经常性

器材的选用不是一劳永逸的，器材的自然老化、使用中的人为损坏、保管中的不当措施都可能影响器材的安全使用。幼儿园应该建立器材安全检查制度，定期对各类器材进行检查。大型器材可以请专人负责检查，并由专业人员定期维护；小型器材数量多，应在使用前进行检查，这就需要师生共同关注、全员参与。及时找出有问题的器材，交给维修人员并在维修单上登记，及时跟踪维修情况，确保维修落到实处。

第二节　幼儿园运动环境中的安全防护

运动环境中的安全防护主要是指在环境自身安全的基础上有效运用场地和器材资源，让幼儿玩得安全、玩得开心、玩有所得。坚持教育与保护相结合的原则，不是一味强调保护，而是在保护的基础上努力提高幼儿自我保护的意识和能力，立规矩、讲方法、重管理，这样才能有效提高运动环境中安全防护的功效。

一、户外运动环境中的安全防护

（一）集体体育活动中的安全防护

集体体育活动一般都是教师有目的有计划组织的活动，所以活动中的安全问题相对可控，做好三方面的工作可以极大提高活动的安全系数。

1. 场地的选择与检查

（1）适用性选择。安全的场地是保证户外运动安全的基础条件，上文已经分析过，幼儿园的户外活动场地丰富多样，不同的场地适合开展不同的活动。要根据运动内容选择适宜的场地，场地的位置、规格与地质状况要与体育活动要求相匹配，保障活动无障碍地进行。跑动类的集体体育活动应该选择平整、开阔、空旷的场地，如操场、塑胶跑道等，可以避免幼儿在跑动过程相互碰撞。又比如，爬类活动要安排在地面光滑、干净的场地，这样既不会让幼儿因在地面爬动弄脏衣服，也不会让幼儿的手掌、膝盖受伤。

（2）扫描式检查。场地的使用不是一成不变的，随着季节变化、天气变化、使用频率等会产生相应的变化，如塑胶操场周边的大树逐渐长大，慢慢隆起的树根会破坏塑胶地，影响地面的平整性。所以，集体体育活动前的场地检查必不可少，每次活动前要对场地进行地毯式检查，不能漏掉任何角落和细节。例如，检查操场上的异物和平整度、草地上的枯枝和石子、泳池的湿滑度等，清理掉一切可能影响幼儿运动安全的杂物，保证场地的安全性。

2. 器材的选择与设置

（1）选择时关注适用。体育活动免不了用到器材，根据内容与预设的要求选择合适的器材，在品种、数量、规格上满足体育活动的需求，可以保证集体活动的顺利进行。例如，对于钻圈活动，需要准备钻圈。钻圈包括倒 U 形、圆形、三角形、方形等不同形状，除了形状外，大小、高低、材质也不一样，在选择钻圈时要充分考虑幼儿的年龄特点。小班幼儿身材小巧，可以选择低一些、多形状的钻圈；大班幼儿身材较高大，就要选择高一些、圆形或倒 U 形的钻圈。如果练习正面钻，就要选择直径较大的钻圈，保证幼儿顺利通过；如果是侧面钻，就要选择直径较小的，以保证动作的正确性等。

（2）投放时考虑时机。正确使用器材也是关键因素之一，使用前摆放的位置要根据现实情况来考虑。如果场地足够大，可以按活动需要直接把运动器材布置在场地上，把讲解区、徒手练习区和器材练习区分开，这样可以节省时间，保障幼儿有更多的时间进行练习，而且不影响幼儿在其他练习中的安全。如果场地较小或者不能事先摆放的，需要把器材事先放在所选场地的周边。

（3）摆放时关注功效。器材的使用是为幼儿基本动作的发展服务的，摆放的位置、方向、间距等直接影响器材的功效与安全。要根据活动的要求和幼儿的年龄特点来合理设置器材，摆放时考虑其与场地的融合性，四周要留有空隙，摆放方向方便幼儿安全地完成动作。为了减少等待时间，集体体育活动中的器材一般为多个，这时候就要考虑器材之间的间距，既满足动作的要求，又让同时活动的幼儿之间保持相对安全的距离。

3. 规则的制定与遵守

幼儿期是萌生规则意识和形成初步规则的重要时期，[1] 体育活动中的规则是在一定范围内按一定动作要求得到许可的行为规范，规则对幼儿的体育活动行为具有约束力。怎样使用场地和器材更安全，不仅讲方法还要讲规矩，必须制定相应的规则。比如幼儿的动作规范与标准要统一，运动的位置、方向、轨迹要清楚，器材的数量分配、操作方式要明确等。这些规则的制定要根据幼儿年龄特点与难易程度，既可以由幼儿共同讨论制定也可以由教师根据需要提出，其中最重要的就是确保幼儿的安全。

此外，体育活动中所用的标识是图形类的符号或记号，用于传达方

---

① 汪颖赫. 幼儿园户外空间环境设计研究 [D]. 哈尔滨：东北林业大学，2011.

向、位置、安全等信息，体育活动中规则常常通过标识来体现。不同颜色的线条、几何图形、箭头、实物图等都是常用的标识。在集体体育活动中，可以运用粗细不同的线条标明运动场地的范围，可以运用不同方向的箭头来标明运动的方向和轨迹，也可以运用不同形状的图形或实物图来标明动作要求，如前进、停顿、动作更换等。

（二）自主体育活动中的安全防护

1. 场地的匹配与检查

（1）根据主题需要匹配场地。户外运动往往是全园性的，同一时间不同班级幼儿一起在户外自主游戏，一般幼儿园没有可同时容纳全园幼儿活动的户外场地，各班需要分散到各个户外活动区。这时的场地分配，既要考虑幼儿的年龄特点，也要考虑活动主题的需要。图 9-2 是小兵情境性户外运动的场地规划图，按照主题情境的不同分为作战训练区、战斗区，后勤保障区之兵工厂、小兵营和炊事班，并与幼儿园现有的场地进行匹配。作战训练区是主要训练场，安排在塑胶操场，场地平整、空旷，幼儿可自主搭建工事进行各种训练。战斗区可模拟两军对垒，安排小兵模拟练兵场，这是幼儿园自主设计安装的大型玩具区，极具挑战性。后勤保障区是为保障活动的顺利开展而设置的，与生活密切相关，活动量相对较小，适合安排在相对较小的场地，如沙池、游泳池和草地等。

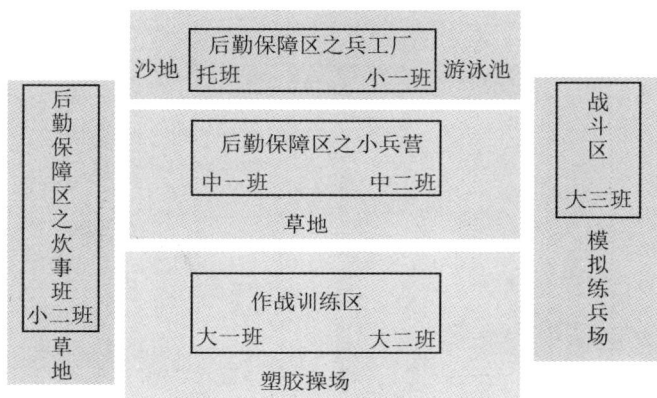

图 9-2　小兵情境性户外自主体育活动的场地规划

（2）根据场地特点共同检查。自主体育活动的场地检查与集体体育活动的检查基本相同，不再赘述。特别要强调的是，除了教师还可以有幼儿的参与，因场地相对固定，中大班幼儿对自己的活动场地较为熟悉，能够在教师的指导下比较敏感地发现场地中的变化，找出危险因素，避免活动中出现危险。

2. 器材的投放与运用

低结构器材是户外体育活动的基础器材，幼儿利用它们搭建组合成可以开展体育活动的器材。不同的器材有不同的特点，具有不同的功能特点。器材的投放要考虑位置、数量及收纳方式，器材的运用要考虑搬运、搭建的方法及安全性。

（1）器材摆放需讲究。户外体育活动中的器材一般都是幼儿自主取放的，为了更好地保障体育活动的顺利开展并尽可能地保障幼儿安全，在器材的摆放上要统筹考虑幼儿的需要、场地和运动器材特点以及安全要求等因素。运动器材品种及数量繁多，为了取用方便，合理摆放显得尤为重要。

有名有家：所有器材要固定位置，有序摆放，还要制作相关标志帮助幼儿识别、分类、归位。例如，水管按粗、中、细三个类别摆放；木梯按双梯、单梯及长短来分类；所有小型器材的收纳筐上都要贴上标签，提示摆放位置和方式。这样的归类摆放，不仅便于幼儿找到自己所需的器材，更有助于培养他们良好的习惯（见图9-3）。

图9-3 摆放的器材

宜边宜敞：所有的器材都要摆放在场地边缘，可摆放在适合幼儿高度的开架上，不仅有较大的存放空间，也便于幼儿取放和整理（见图9-4）。

图9-4　适宜幼儿取放的器材

适重适量：重型器材放在低处，轻便器材放在相对高处；器材叠放的数量要适宜，整体高度以幼儿能够自己取放为宜。木制器材等较重的器材着地叠放，沙袋、木块等放在架子的底层，球、布披风、塑料管等放在架子上层，这样的放置便于幼儿自主取放（见图9-5）。

图9-5　整齐摆放的器材

（2）器材取放重规则。户外体育活动中的器材种类杂、数量多，形态不一，为确保安全，取放时必须遵守规则。

物归原位：让幼儿通过认标识、找位置，养成物归原处的良好习惯。重的器材应在教师帮助下取放，轻的器材幼儿自己取放，并且幼儿要学会细致辨认同类器材的不同规格，不随意混放。

合并合作：引导幼儿根据器材的大小、轻重来选择搬运方式。大的、重的器材应该合作搬，小的、轻的器材可以合并一起搬，这样既节约时间又保证安全。

眼观八方：引导幼儿在器材搬运的过程中注意不要碰到场地上的其他幼儿，要看清楚场地状况，避开人群。

（3）器材搭建重防护。建构是户外体育活动的第一步，奠定了活动中的安全基础。如果搭建不牢固，极易造成伤害，而且可能是严重伤害，所以教师要学会辨别不安全因素，掌握器材的搭建技巧与正确使用方法，有利于幼儿更加安全地玩。如果让幼儿自己通过观察讨论得出结论，可以得到事半功倍的功效。

延长交叉使连接牢固：器材搭建时，相互叠放、连接是最常用的方式，两个器材连接时，要在连接处留出充足的位置。例如，根据间距选择适当长度的单梯，将单梯架到双梯上，延长交叉长度（见图9-6）。

图9-6　梯子的交叉

控制高度让叠加稳固：器材的纵向叠加，要根据幼儿动作发展程度控制总高度，即控制叠放的器材数量。结合幼儿活动时的切身体会，并通过看图讨论，让幼儿清楚控制适当的高度更安全。

增加铺垫重缓冲保护：做有难度的动作时，注意在场地上做好保护措施。例如，把长木板当作滑梯使用时，可用木板或沙袋在底端固定。

二、室内运动环境中的安全防护

（一）集体体育活动中的安全防护

1. 活动内容的确定

室内体育活动场所包括多功能室、教室、走廊、楼梯等。室内环境相对狭小，有固定设施，幼儿在室内的活动不能像室外一样随意、自由，否则就容易出现安全隐患。鉴于室内环境的特殊性，就需要根据室内场地的特点精心选择体育活动。

（1）因地制宜，根据场地特点精选内容。相对较大的室内空间，如体育活动室、多功能室等，适合开展体能性运动，可以组织幼儿进行活动范围大且频率较高的大肌肉运动，如走、跑、爬、跳等动作。相对较小的室内空间，如走廊、楼梯等，适合开展技巧性运动，可以组织占用空间相对较小、幼儿移动范围不大的活动，包括投准、跳跃、攀登、力量素质练习、小肌肉运动等。

（2）就地取材，根据环境特点巧用设施。如果在室内开展体育活动还需要摆放专业器材，就会使本就狭小的空间更拥挤，安全隐患更加明显，所以要另辟蹊径。室内环境的明显特点是场地内往往有固定设施，如墙、床、桌、椅、柜等，它们的存在使得室内的空间运用更为复杂，容易出现安全隐患，但同时它们具有帮助幼儿运动的潜在功能。教师应就地取材、合理摆放、有效使用，充分发挥室内活动优势，使室内的每个设施都为运动所用。

2. 标识的运用

室内空间小，幼儿多、设施多，难免出现拥堵现象。为了解决这个问题，可以运用标识，标示行进方向、行进路线、区域界限等，使空间利用更合理，在一定程度上能缓解拥堵现象，有效避免危险的产生。

（1）方向类标识，使运动顺畅。幼儿园室内常用的方向标识有箭头符号、脚印、数字等，主要标明运动的方向与路线。有些标识是固定的，如楼梯上的小脚丫、跳房子游戏中的数字等；有些是临时标注的，如箭头、几何图形等。标识隐含着活动规则，识别简单，幼儿易接受，并愿意按照标识行动。标识的改变也意味着活动规则的改变，简单改变标识的位置、方向就能使活动产生新的标准，提升活动难度，激发幼儿进一步挑战的欲望。室内集体体育活动时，标识是必不可少的，教师要根据场地的设置现状和动作要求，合理规划运动路径，并在关键位置上设置相应的标识。此外，标识不宜过多，否则会成为活动中的干扰因素。

（2）警示类标识，使危险远离。有的室内警示类标识借鉴了禁止类符号，表示某些位置及方向上禁止通行；也有幼儿制作的实图类标识，用于禁止某些特定动作。警示类标识的运用直接与安全挂钩，对可能引发危险的位置和动作进行明确提示，防患于未然。例如，幼儿在楼梯上开展集体体育活动时，因楼梯狭窄，极易发生危险。教师除了谨慎选择基本动作外，还要充分预估可能出现的问题预并进行提示，还应张贴相应标识不断提示幼儿。

（二）自主体育活动中的安全防护

室内自主活动一般指室内体育活动区的活动，幼儿可以自主进行身体锻炼，以技巧性、力量素质训练为主，包括大肌肉、小肌肉的运动，手眼协调练习等。相对室内集体体育活动，它的场地更小、活动内容更加受限、安全问题更加突出。

1. 场地的选取与设置

（1）场地的选择注重独立性。虽然室内自主体育活动中幼儿的运动量较小，但与美工区、科学区等相对安静的区域相比还是有明显区别的。场地的选择宜靠边并相对独立，既要考虑到安全性，还要考虑到管理的方便性。一般选取走廊或教室的某个角落作为自主活动的场地，不会干扰其他区域的正常活动，同时也能让幼儿安心活动，不必担心自己的活动给别人带来不便，同时，还要有充足的光线，幼儿能清晰地看清场地及器材。除此以外，还要考虑幼儿活动时的独立性。相对来说，中大班幼儿活动独立性强，了解活动规则后可自主进行，而小班幼儿依赖性大，希望活动时有教师的陪伴与共同参与，所以不同年龄的幼儿选择场地时也会不同。中大班室内自主体育活动区可以走廊为主，主要原因是场地相对独立，活动时对其他区域干扰较少（见图9-7）。

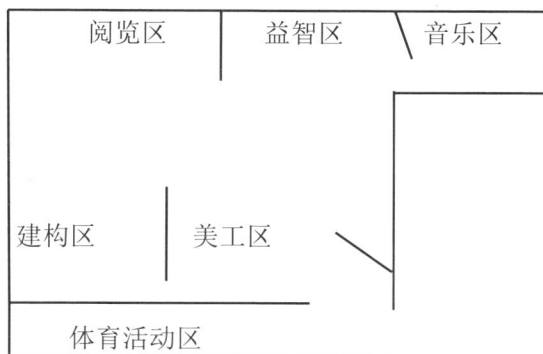

图 9-7　中大班室内自主体育活动区位置

（2）场地的设置注意间隙度。有了相对独立的场地，还需要根据活动的需要，对场地进行设置，明确活动范围与运动方向等，确保室内自主体育活动的安全性。投掷类活动需要明确投掷的方向、起始线；移动类活动应该朝向边角，要有明确的方向及路径，留有走动空间。

2. 器材的配置与运用

（1）自制器材体现精致性。受场地限制，用于室内体育活动区的器材通常小巧、精致，既节省空间，又能满足幼儿活动的需要，便于幼儿对器材的操控。制作工艺上要体现精细的特点，既牢固又安全。如图 9-8 所示，这是一套练习投准的器械，作为投圈的小鸟纸环、KT 板做的纸杯树、竹筒做的发射器，都较为小巧、精致。小鸟纸环材料为厚卡纸，可多次使用，不易破损；发射器用竹筒做成，仔细打磨过的竹筒较为光滑，弹簧装置隐藏在笔筒里，不会伤到幼儿，而且操作起来也很方便。这样的自制器材既满足了幼儿运动的需要，又满足了安全需要。

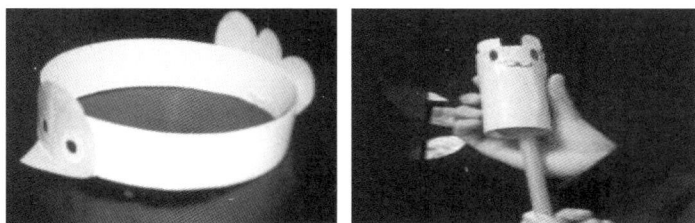

（a）小鸟纸环　　　　　　　　（b）发射器

图 9-8　自制器材

163

（2）废物利用注重卫生。室内很多体育小器材都是用废旧器材加工而成的，如塑料瓶、纸盒、旧布头等。这些器材在用于制作运动器材前，必须经过清洗、消毒等处理。除了使用前的清洗、消毒，使用后的定期清洗、更换也非常重要。

3. 规则的设立与运用

室内自主体育活动不是完全无拘无束的活动，为了达成目标，幼儿同样需要遵守一定的规则，这是活动顺利进行的基础保证。

（1）场地的规则，体现限定性。因为场地的特殊性，需要在场地的使用上进行一定的限定，对场地范围、运动方向、运动路径有明确要求。这样的规则一般会融入场地的设置中，让幼儿一目了然。例如，对于设置在走廊中间的投掷区，可用线条和塑料圆锥使幼儿自然分成两组，标示出幼儿的站立位置和投掷方向。这样可以使此区域的活动具有相对独立性，不干扰其他区域，无须教师陪伴管理，幼儿就可以有序自主练习。

（2）器材的规则，体现自主性。与器材的互动是室内体育活动区的主要活动方式，因此，器材投放要有一定的目标指向性，对于如何与器材互动也有一定的限制。因为是自主性活动，所以相关规则要求最好由幼儿自主讨论产生，让幼儿自己思考规则和要求，并在实践过程中探索规则和要求的合理性。通过民主的方式讨论规则既可以增强幼儿的自主性，发展幼儿的自主意识，还可以使他们在游戏活动中，懂得与环境、同伴协调，学会自我保护。幼儿讨论出来的规则可用操作流程图的方式来表示，并张贴在活动区域时刻提示幼儿。

（3）玩法的规则，体现合作性。因为场地小、器材少，容易出现长时间等待问题，所以在活动区域的人数、同伴合作方面需要有明确的要求。图9-9就是大班幼儿自己讨论并和教师共同绘制的规则图。

图 9-9　区域规则

第十章 幼儿园高质量运动环境案例

第一节 "小小兵"军事游戏环境创设

一、幼儿园简介

浙江省军区汪庄幼儿园是一所以军体为特色的幼儿园，地处西湖风景区，在环境创设上既体现了军体特色又与周围环境相融合。军绿色是幼儿园的主色调，加上少量的鲜艳颜色，与西湖风景区融为一体，既和谐又统一。简洁明快的造型、清丽雅致的色调、精致个性的设计，使这座部队园所既具有现代化气息，又处处洋溢着淳朴自然的清新感。

二、军事氛围的营造

氛围营造是环境创设的要点之一，通过整体统筹、细节规划，以"公共空间"大环境感染幼儿，以"班级环境"小角落吸引幼儿，让环境时刻与幼儿互动，让幼儿园整体环境时时契合着"阳光、自信、勇敢"的军事氛围。

（一）公共空间，体现军队气势

幼儿园正门口处挂着幼儿参加小兵拓展活动的照片，生动活泼（见图10-1）；大操场上有陆海空墙绘，气势磅礴（见图10-2）；小操场上的大型军舰、碉堡模型，形象逼真；模拟练兵场里的丛林小屋、迷彩防空洞等，尽显丛林野战氛围。

图 10-1 幼儿园正门口处的照片

图 10-2 海陆空墙绘

教学楼的公共区域创设了军事主题的三维景观，教师制作的大型军械纸模与幼儿制作的小型武器模型等共同组成了海陆空主题的景观（见图 10-3 至图 10-6）。

图 10-3 楼梯下方布置成由航空母舰模型导引的"舰队"

图 10-4　大厅转角的"陆战部队"

图 10-5　幼儿自制的导弹车、战斗机模型

图 10-6　分别以"海军""陆军"为主题的走廊装饰

（二）班级环境，营造军事氛围

在班级环境的打造中融入军队元素以培育幼儿的学军意识。各个班级以不同的兵种为主题来打造小环境。教师和幼儿结合班级活动需要，把军队元素融入墙面、区域标志中，每个活动室俨然成了一个个小军营，充满着生机。

1.墙面

墙面是室内环境创设的主阵地，各军种的主色调与装备成为墙面装饰的元素，使主题墙、活动提示、生活提示等也有了不同的军事主题（见图10-7 至图10-11）。

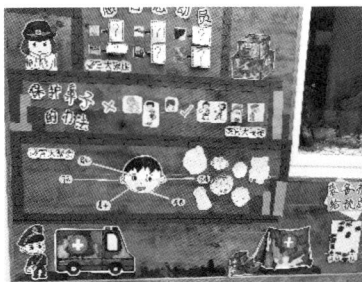

图 10-7 陆军主题

图 10-8 火箭军主题

图 10-9 海军主题

图 10-10　战略支援部队主题　　　图 10-11　空军主题

2. 悬挂装饰

悬挂是活动室装饰的重点，能体现环境的主题和风格。幼儿园选取了既能代表各班主题又在外形上具有装饰效果的军事元素，组合成大面积悬挂，实用又大气（见图 10-12）。

图 10-12　悬挂装饰

3. 家园栏

家园栏是幼儿园对外的窗口，装饰与标题也体现了军事主题，彰显着军体特色（见图 10-13）。

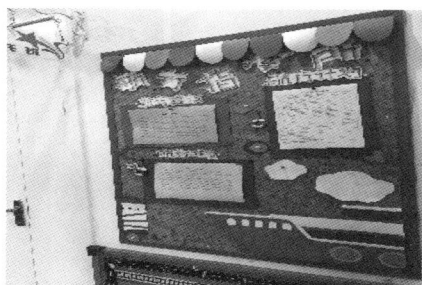

图 10-13　家园栏

4.活动区

各班设有"小兵运动区"，将学军与运动结合在一起，勇于挑战不怕困难的精神激励幼儿进行体育锻炼，发展基本动作（见图10-14至图10-16）。

图 10-14　走廊转角为"兵器库"

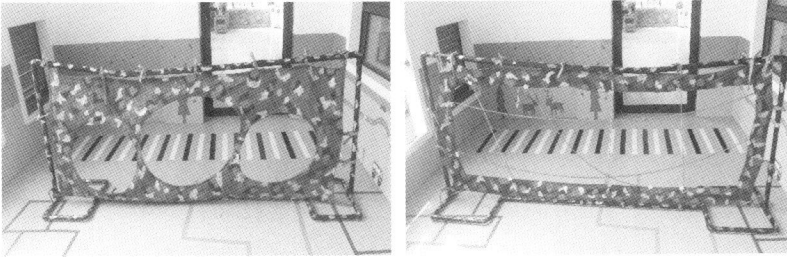

图 10-15　迷彩网

图 10-16　迷彩棒

三、军事活动的划分

幼儿园户外场地开阔、类型丰富，拥有宽敞的塑胶操场、平整的大草坪、安全实用的仿真球场，还有小山坡、游泳池、沙池……每一处都蕴藏着丰富的户外体育活动资源。

教师根据场地特点和军事体育活动的主题把户外场地分为后勤保障区、野外挑战区、实战演练区、模拟练兵区，最大限度地发挥场地功能，既有利于幼儿自主进行游戏活动、探索活动和交往活动，也有利于教师更好地观察幼儿（见图 10-17）。

图 10-17 四大区块

（一）后勤保障区

托班幼儿喜欢平行式的模仿游戏，把"炊事班"交给他们较为合适，不但满足了他们模仿家长做饭的需求，他们还可以把做好的饭菜送给"兵哥哥""兵姐姐"，为模仿游戏增添了意义。"炊事班"的幼儿从家里收集真实的炊具，切身体验游戏的真实感；而"食材"则是常见的花草，既环保又富有野趣。真实的炊具，可锻炼幼儿的臂力；在采集食材、运送食物的过程中又锻炼了他们的体能。

后勤保障区分为"炊事班"和"兵工厂"。"兵工厂"是用来搭建营帐、桥梁和建造武器的，需要平坦的场地，因此分布在塑胶操场。小班幼儿的游戏方式正从平行式向合作式过渡，以操作活动为主的"兵工厂"主题有助于他们完成这种过渡。"兵工厂"里有小型积木、插塑、纸片、纸筒等，可以用来制造武器；大型纸箱、纸板、海绵垫、塑料墩子、塑料板等，可以用来搭建桥、路、房屋等，需要幼儿通过合作来完成，也需要更多的体力活动，从而使幼儿合作能力和动作水平都得到提高。

（二）野外挑战区

这是一个仿真训练场，适合开展对抗性军事游戏，有碉堡、高墙、天梯、独木桥、索桥、迷彩网等，对幼儿的运动能力来说是较大的挑战，是战斗最激烈的场地。平坦的草坪对激烈运动的幼儿是一种很好的保护，便于他们搭建帐篷，将其作为战地医院及时营救同伴（见图10-18）。

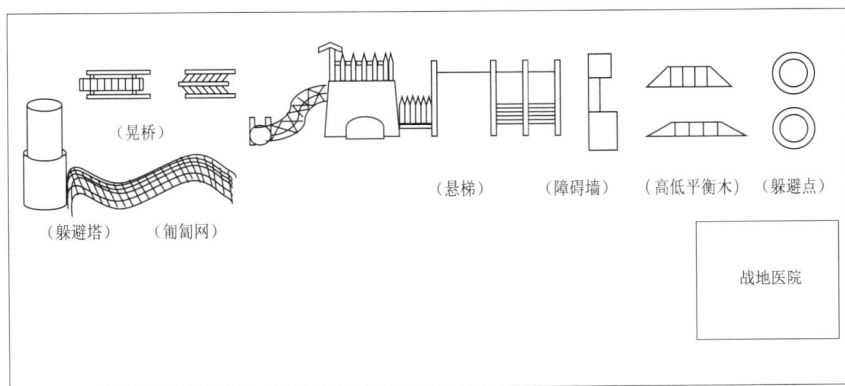

图 10-18　模拟练兵区

模拟练兵区为幼儿营造了逼真的游戏情境，有利于激发幼儿的竞争和挑战欲望，让幼儿在逼真的情境中进行"两军对战"游戏。

（三）实战演练区

这是具有军体特色的户外自主游戏的"主战场"。实战演练区所在的塑胶操场占地面积最大，旁边就是幼儿园最大的开放式器材架，选择这里作为"主战场"既安全又方便。

大班幼儿游戏的自主性有了进一步发展，创设有利于幼儿探索、挑战自我的游戏环境，更能激发他们的兴趣。教师与大班幼儿共同商定游戏内容，再根据现有的地理条件，将实战演练区分成四个区块（见图10-19）。

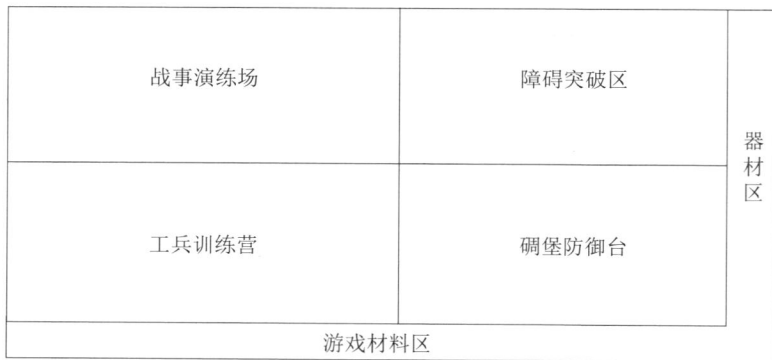

		器材区
战事演练场	障碍突破区	
工兵训练营	碉堡防御台	
游戏材料区		

图 10-19　实战演练区

"战事演练场"所需要的器材比较轻便，容易取放，安排在距离器材区较远的位置；而"碉堡防御台"所需要的器材既多且重，就安排在器材区的附近。这样幼儿来回取放器材不仅方便，更减少和避免了可能发生的碰撞，还可为幼儿争取更多参与自主游戏活动的时间。

幼儿根据自己的任务需要，从器材区自主选择、自主取放器材，开放式的场地规划和游戏方式不仅能最大限度激发幼儿的运动潜能，更能促进幼儿勇敢自信、坚持不懈等心理品质的发展。

（四）模拟练兵区

这是利用草地、树木、小山坡等自然资源和大型玩具设置的具有挑战性的野外训练场地。幼儿可在这里练习平衡、攀登、钻爬等野外生存技能。

四、军事设施的打造

幼儿园户外设施以环保优质的材质、科学合理的设计体现了先进的理念和技术，整体和谐大气、功能齐全互补。

（一）主题设施——传递园所文化

主题式器材能激发幼儿勇敢、乐于挑战的精神。为体现军体特色，幼儿园量身定制了模拟练兵区，有适于攀爬的碉堡、障碍墙，练习平衡的吊桥、独木桥，还有防护网制成的迷宫地道供幼儿钻爬，原来的消防栓和大水塔经过修饰后也成了模拟练兵区的一部分，环境的渲染让幼儿很自然地沉浸到游戏情境之中（见图 10-20）。

图 10-20 模拟练兵区

（二）专项设施——展现小兵风采

专项设施可以让幼儿集中练习某类动作。幼儿园设计了供小兵练习攀爬的运动走廊，有爬网、爬杆、爬墙、爬圈等不同种类、不同难度的攀爬器材，幼儿在这里可以练习各类攀爬技能，体验挑战自我的快乐。

（三）综合设施——激发学军热情

最常见的综合设施就是大型玩具。大型玩具兼具钻、爬、攀、滑等多种功能，造型可爱、色彩鲜艳，很多对接部位还有造型各异的平台和辅助玩具，可供幼儿将其想象成军事游戏中的不同场所，如碉堡、瞭望塔等。穿梭在大型玩具中，仿佛身处战场，学军游戏可让幼儿身体各部分的机能得到全面锻炼。

五、军事器材的投入

游戏是幼儿最正当的行为，而玩具是幼儿的天使。游戏器材是幼儿不可或缺的游戏伙伴，可帮助幼儿以他们容易接受的方式认识周围世界，与同伴发生联系。富有军事特征的器材能使环境与幼儿更积极互动，使军事游戏更加逼真、深入。

（一）三维度开发军味器材

根据小兵游戏综合化的特点，幼儿园结合角色游戏、运动游戏、结构游戏三种游戏类型，从仿真模拟类、军体运动类、军事建构类三个维度开发具有军事特征的器材，以强化小兵角色意识、发挥情境渲染作用、推进游戏水平提升（见图10-21至图10-23）。

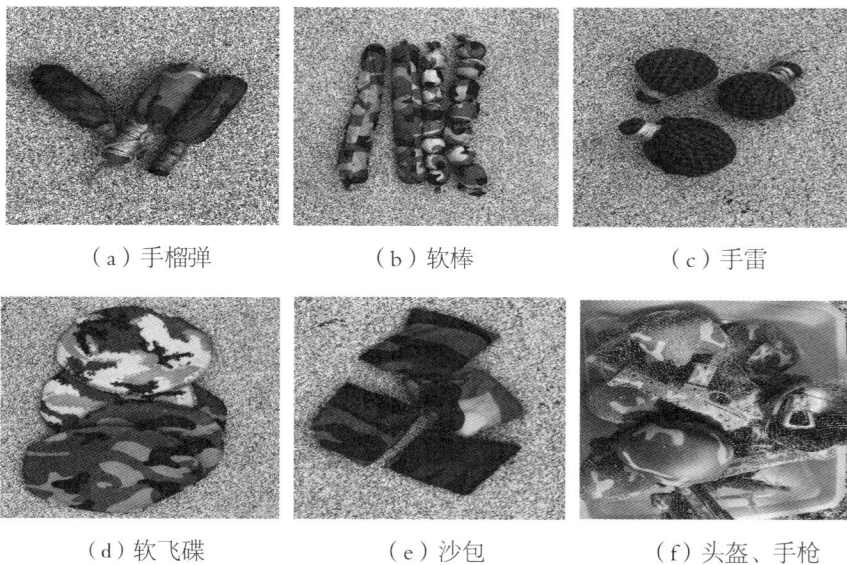

（a）手榴弹　　　　　（b）软棒　　　　　（c）手雷

（d）软飞碟　　　　　（e）沙包　　　　　（f）头盔、手枪

图10-21　仿真模拟类器材

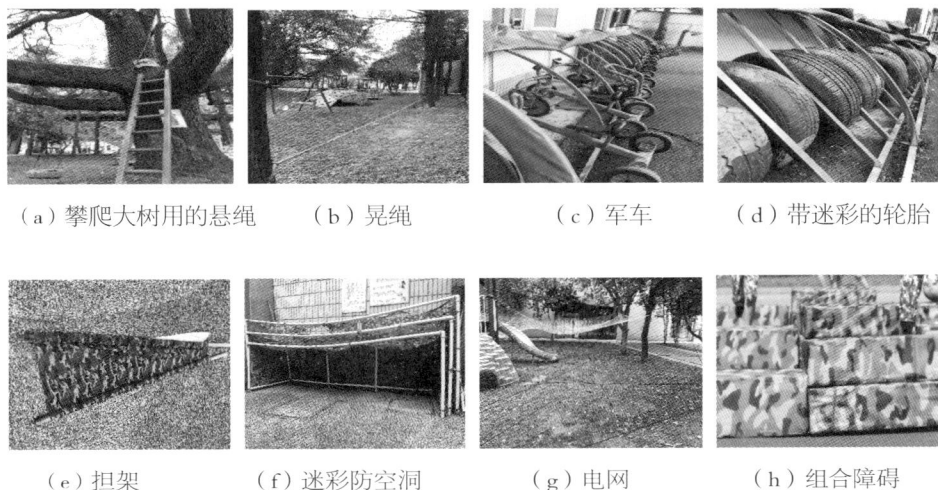

（a）攀爬大树用的悬绳　　（b）晃绳　　　　（c）军车　　　（d）带迷彩的轮胎

（e）担架　　　　（f）迷彩防空洞　　　　（g）电网　　　　（h）组合障碍

图 10-22　军体运动类器材

（a）木条长凳　　　　　　　（b）梯架

（c）木板　　　　　　　　（d）砖块

图 10-23　军事建构类器材

（二）多层次体现年龄特点

托小班幼儿体力弱，喜欢角色扮演，器材的提供要以小、软、轻、仿真为原则，以小中型器材与仿真玩具为主，例如，有一定重量的真炊具、纸箱、小号轮胎、中型泡沫积木等，这些器材可激发幼儿想象力，挑战难度适中。

中大班幼儿体能有了明显提高，他们适合使用富有一定挑战性的器材。不同规格的单梯和双梯、木条长凳、泡沫砖、木砖等低结构、可变化的器材给了幼儿更多的创造空间，他们可以根据军事情境自由组合、搭建。通过游戏，幼儿的合作能力提高了，运动技能发展了，知识经验提升了，更重要的是意志品质也提高了（见图10-24）。

图10-24　凸显探索挑战的中大班器材

（三）分阶段满足游戏需求

随着幼儿能力水平的不断发展，器材需要调整，为幼儿创设新的难度。例如，添加地图、打卡手环等器材，将托班循环式军事游戏"运粮小兵"延伸为定向式军事游戏"寻粮小兵"，幼儿在锻炼运动能力的同时初步发展空间智能。此外，还可以分阶段投放难度不同的器材（见表10-1），让幼儿迎接不同的挑战。

表10-1　木板、木梯的阶段投放

单位：厘米

阶段	木板	单梯	双梯
第一阶段	60×20、100×20	60×20、100×20	120
第二阶段	60×20、100×20、200×25	60×20、100×20、200×25	120、140
第三阶段	60×20、100×20、200×25、200×20	60×20、100×20、200×25、200×20	120、140、160

幼儿园努力打造出蕴含军体特色的户外自主游戏环境，让幼儿在与环境互动中，受到潜移默化的启迪和教育，让环境最大限度地发挥其教育功能，有效促进幼儿全面发展。

浙江省军区汪庄幼儿园

● 评议：

作为一所部队幼儿园，浙江省军区汪庄幼儿园充分利用现有条件，紧贴幼儿的日常生活创设了"小小兵"军事游戏。在家庭的熏染作用下，每一个幼儿心中都有一个军人梦，军事游戏成为他们日常生活中不可或缺的一部分。教师和幼儿一起把活动室设计成充满生机的小军营，用不同游戏器材构建不同维度、难度的军事化体验情境。逼真的道具、形象的剪影、迷彩的墙面增添了情境代入感，为每一位在园和来园者带来极大的军事体验感，有效激发幼儿的角色意识与参与感。多层次的器材投放与根据任务设置的各式运动区促进了幼儿钻、跑、攀爬等基本运动技能与体能的发展，满足了不同年龄段幼儿多空间、多形式、多层次的运动需求，幼儿的天性得到了极大的释放。循环式军事游戏空间让不同幼儿从中体验到运动的快乐，培育了不怕苦、不怕累，勇敢、坚毅的军人精神。

第二节　幼儿园"红色运动营"环境创设

一、幼儿园简介

杭州市萧山区城厢幼儿园潇湘分园位于萧金路，是浙江省二级幼儿园。秉承"努力打造儿童健康成长的乐园"的办园理念，近年来幼儿园融入红色文化资源，打造六大"红色运动营"，探寻实施红色运动游戏的多种路径，让每一个幼儿"畅玩山的运动，畅想红色游戏"，强健幼儿体魄，锻炼意志品质，传承革命精神，奠基人生底色。

二、红色文化的渗透

幼儿园利用得天独厚的山地资源，融合红色文化资源开发了系列适合幼儿健体、启智、益心的营地游戏活动。将红色文化渗透于幼儿园的运动游戏之中，在传承和发扬红色文化精神的同时，创造性地开展沉浸体验式运动游戏，培育身体棒、有情怀、品格优的新时代中国幼儿，激发幼儿的爱国情怀。让幼儿在运动中体悟红色文化的精髓与核心，从小培养幼儿正确的世界观与质朴的爱国情怀，培育良好的品格，在运动中培养幼儿勇敢坚强、吃苦耐劳、积极进取、乐观向上、自信有担当的良好品格。

顺应天性。运动游戏顺应幼儿的天性，依托幼儿的身心发展特点，制定不同的活动目标，满足不同能力幼儿的发展要求，让每个幼儿都获得成功与发展。

红色浸润。畅玩山的运动，畅想红色游戏，开展富有趣味和情节性的运动游戏，促使幼儿树立报效祖国的理想信念，担负传承红色基因的责任。

灵活多元。不同层次的素质目标、回归本源的红色情境、灵活多样的营地创设，让幼儿在兴趣和动作发展中找到平衡点。

基于对"红色运动营"场地、活动方式和幼儿的表现情况，经过小组研讨、园内研修，幼儿园从基础版——散点开花式的"红色运动营"模式，逐步向升级版——创意拓展式"红色运动营"迈进，逐步完善"红色运动营"的设计与实践研究，以确保红色运动游戏有序推进与深入实施。

（一）基础版：散点开花式的"红色运动营"

在红色运动游戏开展初期，基于现有资源，开设六大营区："野战训练营""勇攀高峰营""斗智斗勇营""枪林弹雨营""模拟练兵营""实战演练营"，以满足各班幼儿开展运动游戏的需求，开启全体幼儿散点开花式的红色运动模式。

1. 野战训练营

发展平衡、柔韧性、灵敏协调三大运动素质。结合园所特有的石坎、石墩、杉树、草地等山地资源，形成逼真的"野战训练营"。石坎处提供绳索链轮胎，石墩处插上红旗，杉树处提供梯子，小木屋放置"枪支弹药"，渲染出军事化氛围，成为野战训练场。设置"飞檐走壁""扫雷行动""侦察兵""冲过封锁线""炸碉堡"等练习项目，进行攀爬、牵引、匍匐等动作练习，促进幼儿平衡、柔韧性、灵敏协调三大运动素质的发展（见图 10-25）。

（a）飞檐走壁　　　　　（b）沿石坎而上　　　　　（c）匍匐前进

（d）扫雷行动　　　　　　（e）高处侦察　　　　　　（f）丛林探险

图 10-25　野战训练营

2. 勇攀高峰营

发展上肢力量和灵敏协调两大运动素质。幼儿园有一处石墙堆砌而成、沿石阶而上的户外廊道，得天独厚的条件加上精心设计，形成了一个逼真的勇攀高峰场，成为幼儿青睐的挑战之地。场内有长 30 米、高 5 米的城墙，迷彩网，天梯，轮胎等，幼儿不仅要攀登至最高处，还要及时躲避敌人的袭击，培养幼儿迎难而上、不屈不挠、不怕苦不怕累的精神，并促进上肢力量、灵敏协调两大运动素质的发展（见图 10-26）。

表 10-26　勇攀高峰营

3. 斗智斗勇营

发展下肢力量、平衡、灵敏协调三大运动素质。依山而建形成独特的"错层平台"，地面平坦，空间相对独立，适合开展对抗性游戏。在这里，幼儿需要应对各种挑战，快速躲避"敌军"扫射，以占领对方营地而赢得胜利。此外，搭建帐篷作为战地医院，提供担架等，随时准备营救，培养幼儿团队协作精神，促进上肢力量、平衡、灵敏协调三大运动素质的发展（见图10-27）。

图10-27　斗智斗勇营

4. 枪林弹雨营

发展协调、力量两大运动素质。此处为8米高的石墙，但被树枝等包围，对幼儿来说较为神秘。利用这种地形特质，设计不同年龄段投掷动作发展的运动营区块最为合适。垒高沙袋，架上仿真枪，提供望远镜、手榴弹等作战必备武器，石墙处悬挂一些攻击对象，幼儿可进行有目标的扫射、扔、投，促进灵敏协调、力量两大运动素质的发展（见图10-28）。

图10-28　枪林弹雨营

5. 模拟练兵营

发展平衡、速度、灵敏协调、柔韧性四大运动素质。狭长的塑胶跑道与拓展类大型玩具形成一个"7"字形仿真练兵场，其中有迷彩隧道、轮胎、竹梯、木梯、独木桥、防空洞、滚筒、迷彩垫等器材。教师有针对性地创编富有趣味和情节性的游戏项目，如"夺宝奇兵""保护红旗""游击战""争夺高地"等，让幼儿在一个又一个特定的项目中积极参与各种军事体验活动，促进平衡、速度、灵敏协调、柔韧性四大运动素质的发展（见图 10-29）。

图 10-29　模拟练兵营

6. 实战演练营

发展灵敏协调、速度、平衡、柔韧性、力量五大核心运动素质。实战演练营设在主操场，是平时开展户外活动的主要场地。受地势影响，其中 1/3 是斜坡，在地势不一的场地开展实战训练尤为有趣。运动游戏中涉及攀爬、躲、藏、投、射、抬、滚、匍匐等动作，幼儿根据任务需要选择器材，将"跟踪追击""过封锁线""垒城墙""穿越烽火线""负重前行"等进行到底，从中掌握军事要领和技能，促进灵敏协调、速度、平衡、柔韧性、力量五大运动素质的发展（见图 10-30）。

图 10-30　实战演练营

（二）升级版：创意拓展式"红色运动营"

在红色运动游戏深入实施后，各班幼儿熟练掌握了六大营地游戏。教师通过小组营地观摩实践研修、大组特色教研，对其进行观察、反思、分析后升级改良，"山林探险基地营""坡坡挑战基地营""红色长征基地营"三大红色基地营相继出炉。场域空间延伸拓展，园内外联动，满足幼儿运动游戏的多元需求。

1. 山林探险基地营（园外）

园外 500 米处有一片山林，面积近 50 平方米，幼儿可在其中开展以军事游戏为主题的"穿越山林"系列活动。通过创设不同的情境，产生不同的角色，充分利用各种山林资源，让幼儿对军事游戏感兴趣，在游戏中发展走、跑、跳、钻爬、投掷五大运动技能，提高力量、速度、耐力、灵敏协调和柔韧性等方面的运动素质，增强自我保护意识和对环境的适应能力（见图 10-31）。

图 10-31　山林探险基地营

2. 坡坡挑战基地营（园内 + 园外）

幼儿园沿山而建，园内有大小不一的坡道，园外有造型奇特的双坡道、较为平缓的单坡道等，成为很好的红色游戏拓展之地。例如，"山坡小战士""上坡下坡日""运军粮上坡""坡道保卫战"等，让幼儿获得与平地活动不一样的体验，感受坡道运动带来的挑战和刺激（见图 10-32）。

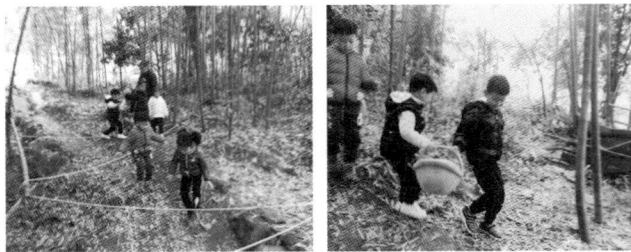

图 10-32　坡坡挑战基地营

3. 红色长征基地营（园内 + 园外）

园内外随处可见的石阶小道、郁郁葱葱的树木、高低不一的斜坡，构筑起天然的"红色长征路"。幼儿"背上弹药""爬雪山""过草地""运送伤员"，重现红军长征路上的艰辛和伟大。

通过实践，幼儿感受到从室内走向室外，从小空间走向大自然、从封闭走向开放的"大营地"游戏魅力无限、意义非凡。幼儿园努力营造沉浸体验式的户外"红色运动营"环境，让幼儿在与环境的对话中，受到潜移默化的影响和教育，以发挥环境育人的作用，努力谱写幼儿园运动活动的新篇章，同时让红色文化的育人价值在新时代得到充分彰显。

萧山区城厢幼儿园潇湘分园

● **评议：**

秉承"努力打造儿童健康成长的乐园"的办园理念，萧山区城厢幼儿园潇湘分园在得天独厚的园所资源基础上融入红色文化，如石墩、石墙、山地、杉树等与红旗、迷彩网等融为一体，打造六大"红色运动营"，吸引幼儿参与活动，入"情"入"境"，让幼儿在与环境的对话中，受到潜移默化的教育。

"红色运动营"分为两个部分：基础版和升级版。基础版以教师指导为主。教师创设各种有趣的情境，器材的投放满足不同年龄段幼儿的发展，设置了适合不同年龄段的运动营区，开启全体幼儿散点开花式红色运动模式，为幼儿掌握基本技能等提供条件。升级版以幼儿自主活动为主，幼儿之前所学习到的经验可以进行迁移，从园内拓展到园外，新旧经验的连接有助于幼儿动作发展得更好。把视觉、听觉、嗅觉等多感官通道融合在一起，可营造真实的环境氛围，如把迷彩服和相关的音乐、烟雾等结合在一起，一方面可以使得整体环境更加逼真；另一方面也会增加活动难度，更具有挑战性。但是，对于这一类运动游戏的设计，一定要抓住"情节"的核心，即该"情节"具有什么样的教育价值，教育者要传递什么理念。幼儿更应该学习红色游戏背后不怕苦、不怕累，勇于拼搏的"红色精神"，让幼儿爱党爱国爱家。

第三节 幼儿园室内"威"运动环境创设

一、幼儿园简介

杭州市萧山区市心幼儿园坐落在通惠北路，是浙江省二级幼儿园。该园秉承"一心一意市心翼"的办园理念，力求培养爱运动、爱表达、爱探究、爱交往的"四心"幼儿。自 2018 年开园以来，该园一直聚焦运动＋：幼儿园室内"威"运动的实施与研究，通过规划再构园所现有环境，从单馆运作走向多元联动，通过"拓空间、创模式、评价＋"三条主线入手，创设了一个集趣味性、多样性、开放性、挑战性于一体的运动环境（见图10-33）。

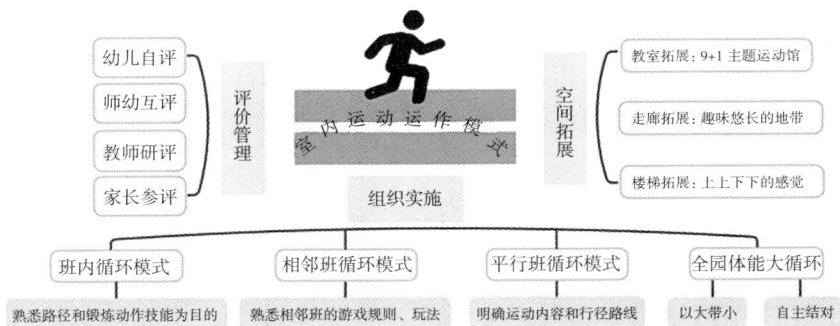

图 10-33 萧山区市心幼儿园园所环境规划

二、幼儿园理念

室内运动是指将幼儿园教室、走廊、楼梯布局成运动功能各异的运动营地，投放层次性、安全性、探索性、挑战性的运动器材，形成开放、交互、自主的运动环境。由幼儿自主建构、自主设计、自主结对，形成集创意运动、探索游戏、混龄交往为一体的室内联动运动。通过"动作体能""主题游戏""器材探索""生活自理"四大运动营，依托幼儿园室内的运动资源，拓展、延伸幼儿运动空间，为实现幼儿恶劣天气下每天体育活动时间不少于1小时的活动目的开辟更广阔的空间和提供更丰富的运动资源。比起常规性的室内运动，室内"威"运动营在实施目标、内容、样式、空间及评价等维度，均有鲜明的特色（见表10-2）。

表10-2　室内"威"运动营的运动特质分析

维度	常规性室内运动	室内"威"运动营
实施目标	指向各类体能训练	在满足幼儿好玩、好动天性的基础上，促进其体能综合发展
运动内容	单项型，缺少吸引力	动作体能、主题游戏、器材探索、生活自理
运动样式	锻炼活动	集运动、游戏及娱乐于一体
运动空间	平面创设	利用教室、长廊、楼梯，实现地面、墙面、悬空空间互通
运动评价	关注技能的获得	引导幼儿主动参与，深度体验，综合发展体质、体能

整体而言，室内"威"运动营的鲜明特点在于：（1）环境"微"：室内运动环境有别于户外运动环境，可充分运用室内固定设施。在室内空间位置小、移动范围小的情况下，选择小型且轻便的运动器材，把握一物多玩、万物可玩的原则；在运动场景的创造中，进行阶段性的优化调整与动态化的灵活重组。

（2）运动"威"：虽然环境"微"，运动空间小，但在开发"动作体能""主题游戏""器材探索""生活自理"四大运动营时，强调注入运动基因，注重运动含量，突破以往以娱乐性、游戏化、单一性为特征的常规室内运动，以增强每位幼儿体质为目的。

（3）学习"味"：不仅关注幼儿运动能力的发展，更注重培养幼儿发现问题、解决问题的能力。

三、运动环境创设

（一）隐性图示：多层次挑战运动营

一份让幼儿了解的图示包含游戏玩法、技能要求与难度层次。幼儿通过可视化的图示来进行运动，可对自己的运动技能有一定了解，提升运动兴趣和能力。

1. 目标梳理，经验摸底

对投掷、平衡、钻爬、跳、跑等核心动作设定了不同的层次水平，对应相应的层次创设不同玩法。打破原有的年龄分层方式，尊重幼儿的个体发展，让运动营的游戏项目更科学，更适宜幼儿的能力发展。如图 10-34 所示，以"投掷"这一核心动作为例。

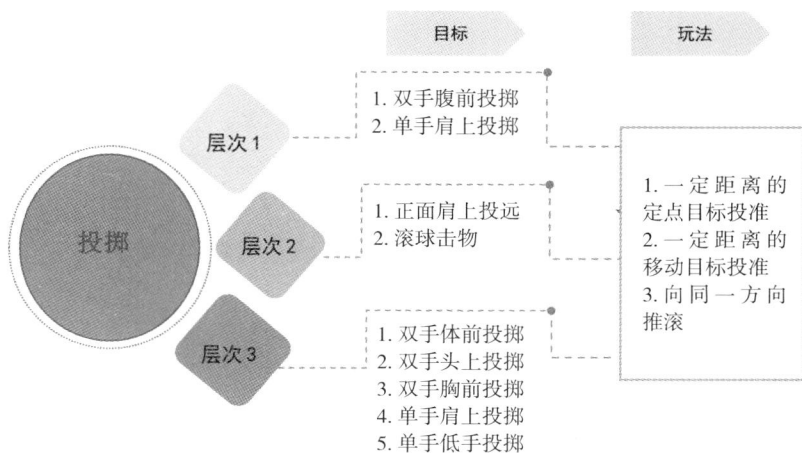

图 10-34 结构框架

2. 多元层次，绘制图示

幼儿园针对小中大班三个年龄段幼儿的发展目标进行了分层次的动作

技能细化，并在设置项目时，通过提示性图示，设置三个难度，让幼儿根据自己的能力进行运动。提示性图示主要包括以下两个方面。

第一，同一动作中的不同层次。全园联动的情况下，一个运动项目同时会有小中大班三个年龄段的幼儿参与。教师针对不同年龄段的幼儿在每个运动游戏中预设不同层次的目标与难度，在环境中创设提示性任务图示，引导幼儿根据自己的能力进行运动（见表 10-3）。

表 10-3　同一动作的预设目标

动作	预设目标	提示性图示
双手抓杠悬空吊起	等级 1：双手抓杠悬空吊起 10 秒	
	等级 2：双手抓杠悬空吊起 15 秒	
	等级 3：双手抓杠悬空吊起 20 秒	
单脚连续向前跳	等级 1：单脚连续向前跳 2 米左右	
	等级 2：单脚连续向前跳 5 米左右	
	等级 3：单脚连续向前跳 8 米左右	
定点拍球	等级 1：在指定位置拍球 40 个左右	
	等级 2：在指定位置拍球 60 个左右	
	等级 3：在指定位置拍球 100 个左右	

续　表

动作	预设目标	提示性图示
找色块	等级1：双手双脚触碰同一颜色的色块（2—3块）	
	等级2：双手双脚触碰同一颜色的色块（4块）	
	等级3：单手单脚触碰同一颜色的色块	

第二，不同玩法中的不同层次。运动营中设定了各类技能，如走、跳跃、平衡、钻爬等，意在让幼儿的运动素质得到均衡发展。例如，在以绳为主的室内运动营中，教师利用麻绳、铃铛、滑板车创设了"穿越火线"这一运动项目。在观察中发现，幼儿玩法的多种多样：平地爬、钻跨，或使用滑板车等。教师通过观察幼儿在同一种器材的不同玩法，创设提示性任务图示。幼儿在运动中根据提示性图示，对自己的运动能力有了一定的了解，并激起挑战运动的兴趣。

（二）项目场馆：多类别创新运动营

室内运动营并不是把一切运动变成游戏，而是遵循幼儿动作、体能发展和运动游戏两条线索，划分为"动作体能""主题游戏""器材探索""生活自理"四大主题运动营地（见表10-4），设置了预设性、半自主、全自主项目，使幼儿的体能和动作技能得到发展。

表10-4　室内运动营的价值功能及特点

运动营	价值功能	特点
动作体能运动营	促进幼儿基本动作发展，引发对某一动作的深度学习	半预设（预设：器材、基本动作、玩法；赋权：时间、空间、同伴）
主题游戏运动营	调动幼儿经验，在情境游戏中开展运动，激发运动的内在动力，强化社会性品质发展	全自主（预设：场地；赋权：主题、内容、器材、时间、空间、同伴、玩法、规则等）

续 表

运动营	价值功能	特点
器材探索运动营	充分发挥幼儿的自主性与创造性，引导幼儿充分体验自主运动、游戏、创造以及合作的乐趣，促进幼儿体能、探究能力、社会性发展	全自主（预设：空间；赋权：时间、内容、空间、器材、玩法、同伴）
生活自理运动营	在轻松、舒适的生活环境中，引导幼儿调整休息，学会自我照料、自我保护	全自主（预设：生活用具、场地；赋权：时间、用量等）

1. 动作体能运动营，挑战对某一动作的深度学习

在幼儿阶段，基本动作（走、跑、跳、投掷、攀登、钻、爬、平衡等）的练习是提升幼儿身体素质的重要途径，但要避免机械化训练动作技能。在动作体能运动营中，幼儿可以在自主选择、主动探究中享受运动的快乐，实现对某一动作的深度学习。

该运动营的项目开发原则为：针对性、层次性、安全性。该运动营重点促进幼儿对某一动作的深度学习，整齐划一的器材无法满足不同发展水平幼儿的需求和兴趣，因此要提供不同层次的器材来满足不同幼儿的需求。

第一，在指向性的动作挑战中，注意同一基本动作器材难度的层次性、同类器材难度的层次性、同一个器材难度的层次性。

第二，在多功能的动作挑战中，要有难易层次，以满足跨龄幼儿和同龄幼儿的个体差异性；挑战难度要符合幼儿实际运动能力，不同幼儿运动能力均有差异性，不可统一标准。

2. 主题游戏运动营，深化情景游戏中的社会性发展

在主题游戏中，以幼儿感兴趣的内容、自主设计主题情境为主，以幼儿为主体创设游戏内容，加入一定的故事情境或者竞技场景。幼儿能对主题情境产生积极学习的情感反应，主题情境又贯穿整个项目的创造过程。让运动游戏与主题教学活动结合，主要从主题情境、活动器材、活动形式三方面寻找契合点。

该运动营的项目开发原则为：个性化、自主性、安全性。以幼儿主动参与、积极体验为主，鼓励幼儿自由自主地开展各类活动。但是在开放的环境中活动，教师需要事先做好安全管控与风险评估。

在"棋类总动员"区域活动中，教师借助"桌面棋"中棋子、骰子等元素，融建构、运动、玩棋为一体。此外，教师将"桌面棋"自然融入跑跳区、力量区、匍匐活动区，通过空间转换、角色定位、运动项目创新等创设了幼儿喜爱的"地面棋"（见表10-5）。

表10-5　"棋类总动员"区域活动

主题游戏	具体玩法	核心目标
技能圈圈棋	每个圈内放有幼儿设计的挑战项目，如闭眼原地转5圈，向前走2个圈等。 按骰子点数前进，并根据圈内要求完成挑战项目	身体控制与锻炼上下肢力量
色块棋	根据口令，将四肢分别放在相应色块上	锻炼平衡、身体控制力
转盘骰子棋	依照转盘上指针所指的动作前进	发展手眼协调能力与核心力量
颠球板、颠球	在颠球的过程中球不能掉落，可以选择和同伴比赛或者合作颠球	锻炼手眼协调性、一致性，以及合作能力
红绿灯跳跃棋	投掷骰子，并根据垫子上所贴的颜色行动（绿色代表前进，红色代表倒退，黄色代表重新投掷骰子）	发展手眼协调能力与下肢力量

小二班幼儿进行迷宫游戏时产生了"搭建大型迷宫"这一愿望，教师

带领幼儿围绕这一问题，进行了一系列探索。通过仿真草坪、恐龙贴纸、梯子、软棒，利用床、桌椅打造了"侏罗纪迷宫"运动营（见表10-6）。

表10-6 "侏罗纪迷宫"运动营

器材		具体玩法	核心目标
	纸箱、网布、凳子、软棒	幼儿采用匍匐爬、侧身爬等多种技能通过多个迷宫关口	锻炼钻爬能力
	梯子、垫子	幼儿根据自身能力发展，运用多种方式从起点向上爬至终点	
	网、气球	幼儿要在躲避气球的情况下，运用多种技能，到达终点	
	软棒	幼儿可采用多种方式，如跑、走、爬、钻等通过	

3. 器材探索运动营，提高自主探究中的创造能力

器材探索运动营，指的是幼儿自主选择、组合运用器材，自主选择游戏内容，自主选择场地，旨在让幼儿在个体、小组合作探究运动中促进动作和体能、社会性等的全面发展。

该运动营的项目开发原则为：多变性、操作性、安全性。即投放体积较小、灵活、多样，可以让幼儿个体、小组合作进行探究运动的器材，满足幼儿运动及卫生、安全等需求。

大二班的"鳄鱼潭"运动营，通过桌椅这一对主器材，以及软垫、沙包、娃娃等辅助器材，对班级区域进行划分，合理使用桌椅、区域柜，教室空间更加开放，幼儿活动更加方便。

"球球乐园"运动馆丰富细化了室内球类游戏的玩法，侧重提升幼儿的器材应用能力（见表10-7）。

表 10-7　"球球乐园"运动营

器材		具体玩法	核心目标
	吸音棉、椅子、足球	幼儿可选择站在不同位置将球踢进管道	提高控球能力，锻炼下肢力量及身体协调性
	乒乓球、积木、箩筐	一名幼儿将乒乓球从多通道滑下，另一名幼儿在另一端用箩筐接住滚落的乒乓球	反应能力
	气球	幼儿用力向上跳跃，用手触碰气球	提高动作协调性，锻炼灵敏性和下肢力量
	排球网、气球	两两组队，尽量将球打到对方	锻炼手眼协调能力与合作能力
	海洋球、桌子、塑料块	两人一组，幼儿分别站在桌子两端相互击球	锻炼上肢力量与挑战能力

4. 生活自理运动营，提高自护意识

为了满足患有先天性疾病、体弱等特殊幼儿的适度运动需要，创设了运动量较小或者只锻炼身体局部的"微体能运动营"。同时，为了满足幼儿在运动过程中自主取水、喝水、增减衣服、擦汗、休息等需要，又创设

了"生活自理运动营"。生活自理运动营通常设置在安静、独立区域。运动营内投放有经过消毒的茶杯、温水、衣架、擦汗巾、箩筐、小座椅等，以方便幼儿休息、调整。

该运动营的项目开发原则为：舒适性、简便性、安全性。营造休闲舒适的环境，提供软、轻巧、简便的器材，以满足幼儿自主选择、组合运动的需要。

室内运动营已渐渐成为幼儿每周最期待的体验场所。独特的课程品牌，带动了幼儿园的整体发展。虽然园所规模较小，但达成了幼儿运动目标，幼儿园形成了一套"室内运动营"运行模式。全园联动打开了室内运动的大门，让运动营不再只是单一功能的场馆，而是让每一个运动营彼此连接，成为一个能支持幼儿运动、游戏、探究、创造、交往的互动空间，与整体课程逐渐融合为一个流动的、开放的动态系统。

萧山区市心幼儿园

● 评议：

基于气候条件的限制与幼儿运动的需求，萧山区市心幼儿园积极开展了室内"威"运动。从挖掘室内场地的运动功能、运用室内设施、研发运动器材三个方面，开发室内运动资源。遵循健康性、教育性、游戏性和文化性的原则，从日常生活、课程器材、场地设施等多方面寻找室内运动内容。同时，室内运动营并不是把一切运动变成游戏，而是遵循幼儿动作、体能发展和运动游戏两条线索，将室内划分为"动作体能""主题游戏""器材探索""生活自理"四大主题运动营地，并根据幼儿原有经验水平，分别设置了预设性、半自主、全自主的项目，让不同水平的幼儿都能找到适合自己能力的运动营地和运动方式，从而促进所有幼儿的体能、运动技能，以及社会性等多方面的发展，使得每个幼儿都"威"起来。无论是布局、活动路径、组织方式，还是规则运用和评价方案，幼儿园都创新了室内运动组织策略，保障了幼儿在雨天、雾霾天的正常运动。理念决定人的行为，环境创设的背后都有着一定的理念支撑，当教师越来越意识到挑战性的环境会对幼儿发展具有多方面的价值时，娱乐取向的环境便会慢慢消失，幼儿也会在一个支持其探索、挑战的环境中获得成长。

第四节　幼儿园篮球运动环境创设

一、幼儿园简介

宁海县实验（闻裕顺）幼儿园地处浙江省宁波市宁海县中心地带，距离体育馆仅 200 米。2006 年，幼儿园开始了对篮球运动的适切性研究，开启了符合幼儿年龄特征的篮球运动环境探究，是浙江省篮球进入幼儿园的首个基地园。

二、特色运动概况

（一）基本概念

幼儿园认为篮球运动就是幼儿对篮球运动的双重体验，即对篮球运动的技能体验，对篮球品质的精神体验。通过有趣的篮球游戏，幼儿一方面可习得适宜的篮球技能；另一方面会逐渐形成积极的篮球品质。

（二）运动目标

增加自主体验，激发幼儿的篮球运动兴趣。丰富运动形式，提升幼儿的篮球基本技能。熏陶篮球品质，增加篮球育人途径。

（三）运动理念

整个幼儿园都彰显了"小篮球促大健康"的理念，彰显了"让孩子像球儿一样奔跑"的教育理想，不断向幼儿、家长及社会传递着快乐篮球、快乐健身的理念。

（四）运动特点

渗透在一日生活中。幼儿园结合幼儿作息，分别通过活力篮球操、篮球集体教学活动、篮球游戏时光等项目，每天开展不少于 45 分钟的篮球活动。鼓励幼儿在家积极练习，真正做到"球不离手"。

篮球活动游戏化。幼儿园倡导以游戏等方式组织教学活动，反对枯燥乏味的训练。探究篮球技能与传统游戏的结合，将篮球与创造性游戏有机融合。

家园合作共推进。利用一切机会向家长宣传幼儿园开展篮球运动的必要性，利用亲子运动会向家长展示成果，邀请家长参与教学与展示，组建"爸爸篮球队"，开展班级、园区亲子篮球对抗赛。

三、篮球环境创设

看得见的环境能够让运动自然生发。幼儿园通过整体统筹、细节规划，以"公共空间"篮球大环境感染幼儿，以"班级环境"篮球小角落吸引幼儿，让环境时刻与幼儿互动，让幼儿园的整体环境时时契合"小篮球大运动"的体育氛围。

（一）公共空间，篮球无处不在

在幼儿园的各个角落都能找到篮球的身影，例如，操场周边的架子、文化墙下的球宝乐园、走廊等。

走廊——小篮球给动力。一楼走廊外侧悬挂着篮球队的合影，展示了篮球队员的拼搏精神。运动走廊上展示了传球、接球、运球和投篮等动作，让幼儿在进出中，感受篮球运动的有趣，凸显运动走廊的育人功能（见图 10-35）。

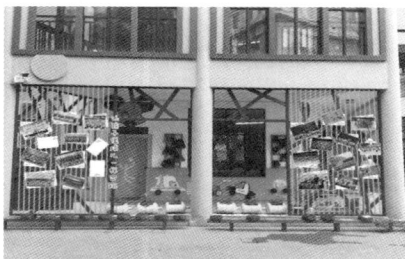

图 10-35　走廊外侧的展示区

大厅——萌球宝欢迎你。形象生动的球宝在大厅迎接幼儿，有的是用废旧篮球做的，有的是用泡沫球做的。大厅的环境随着季节的变换而变换，代表不同季节的球宝和幼儿一起进行各类游戏，展现积极、运动、健康、阳光的氛围（见图 10-36）。

图 10-36　大厅的球宝

楼梯——篮球与我在一起。只有自己参与设计的环境，幼儿才会真正地关心。楼梯是幼儿每天的必经之路，楼梯四周展示了幼儿的篮球之旅，有篮球活动的精彩瞬间，有幼儿玩篮球的安全事项，让幼儿时时可以关注篮球。一楼楼梯四周是关于篮球装备的内容，二楼是幼儿最感兴趣的球星知识，三楼是幼儿利用废旧篮球制作的球艺术品。

过道——篮球传递新能量。幼儿园墙面的设计是一个动态的、发展的过程。设计的内容应随着教育活动的发展而变化，随着幼儿年龄、季节、环境的变化而变化，还应根据观察到的幼儿活动现象，灵活调整内容，传递给幼儿相应的信息。

有的过道展示了幼儿玩篮球的精彩场景，有的直观呈现了各种篮球游戏的玩法（见图 10-37）。

图 10-37　墙面环境创设

操场——实幼篮球人的骄傲。文化墙上挂着历届幼儿园篮球队的合照，篮球队演出的照片及与奥运冠军的合影等，营造出动感的篮球氛围。

操场周围安装了许多不同的人形篮球架，幼儿活动时可以用适合自己的篮球架进行投篮游戏，既实用，又有装饰作用。只要手中有个球，随处都是投篮的好地方（见图10-38）。

图 10-38　篮球架

（二）班级环境，营造篮球氛围

班级环境的打造中融入了篮球元素，激发幼儿探究篮球的意识与欲望。同时各班均以幼儿对篮球的不同兴趣点打造环境。例如，大班创设了球秘（小篮球秘密的解剖）、球星（认识篮球明星）、球规（小篮球规则的探究）、球技（提升小篮球技术的探索）、球艺（球宝的创作等）等内容。师生结合班级活动需要，把篮球元素融入墙面、隔断、区域标志、活动提示中，活动室俨然成了一个个篮球场。

墙面。墙面是室内环境创设的主阵地，墙面装饰的主元素为篮球，主色调为橙色，使主题墙等墙面环境呈现不同的篮球主题。例如，球秘主题墙面，教师结合思维导图将篮球的起源、历史背景以及发展过程等呈现出来（见图10-39）。

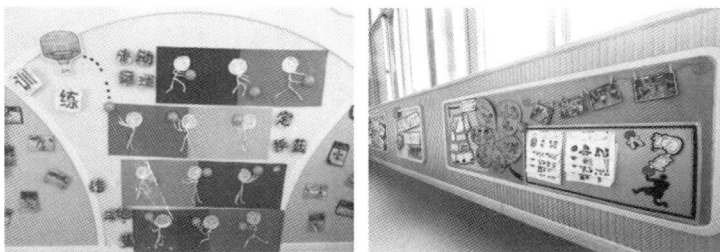

图 10-39 室内墙面篮球环境

悬挂装饰与区域标志。教师选取了一些球元素和运动元素进行装饰，简洁又形象（见图 10-40）。

图 10-40 球元素与运动元素

家园栏。家园栏是幼儿园对外的窗口，装饰与标题也都展示了篮球主题，对外彰显着篮球特色。

小景观。家长接待室、会议室及各类小空间都装饰有各种篮球元素（见图 10-41）。

图 10-41 形态各异的篮球小人装饰品

功能室。幼儿园利用阅览室、科探室、美术坊、主题墙等功能室展现"幼儿眼中小篮球"。例如，阅览室中放入一些与篮球有关的图书以及教师与幼儿一起探索自制的篮球书；科探室中提供了一切探索工具，供幼儿对篮球外形、内部、纹路等进行研究。

篮球的各种技能技巧对于动作的达成非常重要，幼儿需要通过一些游戏去了解与掌握动作技能技巧，那么技能技巧的教授如何转化成区域游戏，是幼儿园所要思考的方向。

活动区域。在区域创设中，如球秘主题环境，将篮球的发展过程与"我是篮球小主播"相结合，形成语言区，为幼儿提供自我表达的空间。幼儿园结合篮球课程及幼儿的兴趣点，形成了三本关于篮球秘密的"篮球书"——《小篮球，大知识》《篮球是这样长大的》《我们和篮球的故事》（见图10-42）。

图10-42 "篮球书"

其他。设计篮球主题的运动园服，让所有幼儿在全园活动中统一着装，感受浓浓的篮球文化氛围。幼儿园的纸袋、杯子都有篮球标志。

（三）隐性的篮球环境

篮球的隐性环境不可缺少，比如心理环境的营造和运动氛围的支持，这些无形的教育环境，充斥在幼儿生活的各个角落，激发和调动幼儿参与运动的积极性。精神营造需要所有人员对于理念和意识达成共识，包括文化环境和活动氛围。

文化环境。幼儿园全面制定篮球晨间活动制度、篮球教学制度、篮球队练习制度等一系列规章制度，保证篮球运动全面深入地开展。

活动氛围。幼儿园每年会举办大型篮球秀活动，如亲阳光父子乐篮球赛、小篮球联赛、篮球单项"吉尼斯"，还有评选"运球之星""传球之星""投篮之星""篮球之星"活动等。在这些活动中向全园师生及家长传播团结协作、奋勇拼搏的篮球精神。此外，将提炼的篮球精神升华为幼儿园的园训，布置在校园文化墙上，促进幼儿园内涵建设深度发展。

结合篮球比赛，开展以篮球为主题的绘画、亲子作品等展示活动；以辩论形式进行篮球辩论赛，让幼儿讨论更适合自己的篮球运动方法，亲身体验篮球运动，感受其魅力，发自内心地喜欢上篮球，享受与篮球互动的美好过程。

宁海县实验（闻裕顺）幼儿园

● 评议：

如何把幼儿园高质量环境的"一场四性六式"特征全面地渗透于环境创设中，宁海县实验（闻裕顺）幼儿园呈现了一个较好的案例。该幼儿园积极挖掘各种教育资源，立足于幼儿需要，着力整合规划以板块式小区域与校园大环境有机整合的全新模式打造"会说话"的篮球环境。以"公共空间"篮球大环境感染幼儿，以"班级环境"篮球小角落吸引幼儿，让环境时刻与幼儿产生充分与有效的互动。同时，幼儿园充分利用走廊、大厅、楼梯等公共生活场所彰显篮球文化。对于幼儿比较了解的篮球明星，从人、事、物等方面进行区域设计，产生了各种各样的活动内容，美观的墙面色彩以及独特的设计方式吸引着幼儿，墙面上篮球的动作和篮球明星每时每刻都在与幼儿交流、沟通。幼儿无论是在幼儿园的哪一个区域都能随时看到篮球知识，感受篮球文化，谈论篮球话题，潜移默化地学习，做到了无论是教学活动还是一日生活，都将学习融入环境中，凸显运动的育人功能。用幼儿生活中常见的物品与篮球交融进行环境创设，幼儿可以依据自己的兴趣选择器材，并且环境也会随着四季变化和幼儿经验变化而变化，既贴合了幼儿的生活实际，也打破了区域界限，增加了幼儿游戏的自由度，扩大了交往范围，拓宽了个人游戏的空间。形式新颖的篮球沙龙，引导幼儿从日常篮球赛出发进行实践经验辩论，在运用自己已有经验的同时也能够获得新的经验。例如，球秘主题环境，将篮球的发展过程与"我是篮球小主播"相结合，形成语言区，为幼儿提供自我表达的空间。操场上，幼儿活动时可以自由找自己喜欢的、适合自己的篮球架进行游戏，在与环境不断互动中提升自己。同时，幼儿园全面制定了篮球晨间活动制度、篮球队练习制度等一系列规章制度，能够使幼儿感受到团结协作、奋勇拼搏的篮球精神。另外，每学期进行的亲子篮球展示，以及家幼与"球"探玩的活动，不仅能增强幼儿的球感、球技，还深化了亲子关系。

第五节　"竹思妙想"运动馆

一、幼儿园简介

杭州市富阳区永昌镇中心幼儿园坐落在恬静浪漫的永昌镇永昌村，创办于 1998 年 8 月，是杭州市富阳区教育局直属的公办幼儿园。幼儿园结合"恬漫永昌"地域特色，挖掘"竹文化"的育人因素，营造浓厚的竹文化氛围。幼儿园以打造没有围墙的竹林学校，让幼儿像翠竹一样成长的办园理念，合理运用多元方式，在一山一田一街中，通过劳作、建构、运动等活动为幼儿提供经常性的学习经历，让农村幼儿享受优质的学前教育，从体验中获得成就，培养快乐的小竹娃。

二、"竹思妙想"运动馆概况

（一）基本概念

"竹思妙想"运动馆："竹思妙想"由"奇思妙想"引申而来，奇思妙想是指奇妙的想法或看法，其中不乏一些新创意。"竹思妙想"运动馆就是指以竹元素为载体，利用竹器材，打造室内运动馆和户外运动乐园，不仅促进幼儿走、跑、跳、攀爬、平衡等运动能力发展，还培养了幼儿勇敢、坚持、专注等体育精神，促进幼儿像翠竹一样成长，善提问、多方法、奇创造、乐分享。

（二）运动馆理念

核心理念：促进幼儿像翠竹一样成长，让幼儿具有以下特征：（1）善于发现问题，用自己的方式提出问题，并以问题驱动，用自己的方式解决问题；（2）带着好奇心去探究，创造性地学习，同伴之间相互帮助、相互启发；（3）自信乐观的心态，积极自主的习惯，分享自己的发现，具有持之以恒的意志力与不断自我超越的勇气。

（三）运动馆价值

教师以"竹思妙想"运动馆为载体，充分挖掘竹资源，促进幼儿语言、社会、科学、健康、艺术五大领域的均衡发展，具有以下意义与价值。

转变学习方式，满足多元发展。通过研究，促进幼儿善提问、多方法、奇创造、乐分享等各方面能力的发展。

创新实施路径，促进专业发展。通过研究，充分利用周边资源，科学开发竹课程，提升教师融合、多元、进阶的课程开发力。

创建特色品牌，传承文化基因。通过研究，确定"竹思妙想"特色课程目标、丰富课程内容、创新课程实施途径、健全课程管理，形成一套较为完整的园本课程开发体系，传承文化基因。

三、"竹思妙想"运动馆创设

以空间、器材、规则三要素来搭建运动场域。结合天气变化，分为"室内""户外"两种空间进行营造。器材组织上，为支持幼儿自由想象、自主组合建构，促进其动作、交往、自信心等多元发展，教师提出了器材投放的三个原则：一是丰富性，多样器材发挥环境的隐性教育功能，支持幼儿随时随地根据自身需要有物可玩。二是层次性，器材层次性投放指引游戏由简到难，循序渐进，既满足不同发展水平幼儿的需要，又有助于激发幼儿的挑战兴趣，提升游戏水平与运动能力。三是开放性，低结构、开放性器材可激发幼儿组合创玩，实现进阶想象、创造挑战。

（一）室内劲劲馆

通过各种运动竹器材的搭建、组合，幼儿可以进行运动，发展幼儿走、跑、跳、攀爬等多种运动技能，包括体能劲劲馆、创意劲劲馆、感统劲劲馆、组合劲劲馆等，满足雨、沙尘等恶劣天气下幼儿运动的需要。

1. 体能劲劲馆

体能运动是幼儿教育的重要一环，在运动的过程中发展幼儿的大肌肉力量与耐力。同时，体能运动让幼儿更有自信，更具挑战与合作意识。利用墙面、地面，将不同粗细的竹竿置于活动室，可以横放，可以悬挂，让幼儿花样玩爬竹竿。此外，绳子、竹梯可以巧妙组合。为保护幼儿的安全，地面上增设地垫，有利于运动保护，充满挑战性的运动情境让幼儿乐在其中（见图 10-43）。

图 10-43　体能劲劲馆

2. 创意劲劲馆

在创意劲劲馆中，幼儿可选择适宜的器材自主运动。教师提供竹梯、竹圈、竹片等竹器材，以及垫子等辅助器材，让幼儿创意运动。合理利用墙面、地面等空间，巧妙进行设置，促进幼儿走、跑、跳、悬挂、攀爬、旋转等动作均衡发展，让幼儿自主选择同伴、自主选择环境、自主选择玩法，不断挑战运动，提升运动素养。

幼儿在一次次运动中、一次次问题解决中成长，生发出很多运动故事，创设了充满挑战的运动游戏场景，给予幼儿创意想象的游戏空间，并在运动游戏中发展运动技能，激发幼儿参加体育活动的兴趣（见图10-44）。

图 10-44 创意劲劲馆

3. 感统劲劲馆

感统劲劲馆将视觉、听觉、触觉、前庭觉、本体觉等多种感觉融合组织起来。教师在地面铺上垫子，同时利用竹筒放置一些障碍物，让幼儿在不碰到障碍物的前提下，自由地穿梭爬行。爬行的过程既锻炼了幼儿身体两侧的动作协调性和肌肉控制能力，同时也刺激了前庭觉的发育，对幼儿空间思维感的发展非常有利。竹片运球可以促进幼儿平衡能力的提升，夹球运球和吹球等各种运动游戏也会促进幼儿感统能力的提升（见图10-45）。

图 10-45 感统劲劲馆

4. 组合劲劲馆

幼儿园空余的教室都是幼儿运动的场地，桌子与竹子组合起来成为练习攀爬的器材；桌子围在一起，成为幼儿玩打地鼠游戏的场所；床和竹梯组合起来成为幼儿练习悬挂的运动场所。桌椅与长竹梯的架空组合会带给幼儿全新的感觉，不同的组合方式带给幼儿不同的体验和感觉。通过器材与器材的组合、器材与空间的组合、器材与地面的组合，幼儿自发创造了许多玩法（见图10-46）。

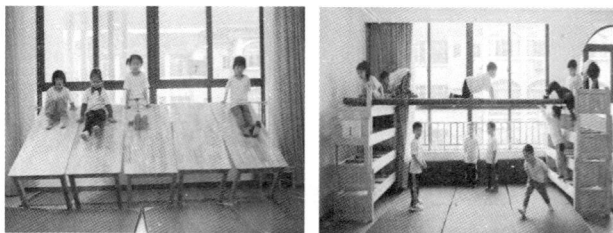

图 10-46 组合劲劲馆

（二）户外运动区

在户外运动区中，围绕竹器材开展循环运动，让幼儿走进竹林、探秘竹林。利用现有场地，利用竹子的不同特征设置不同的运动区，包括竹林乐园、旋转王国、竹片乐园、钻爬乐园、骑行乐园等区域，推动幼儿走、跑、跳、攀爬、旋转等运动技能发展，提升幼儿运动素养，培养勇敢、专注等良好的学习品质。

1. 竹林乐园

幼儿园有一片 200 平方米左右的竹林，一根根粗细、长短不一的竹子，打造了充满趣味的竹林乐园。在竹林乐园，幼儿可以采用多种方式攀爬。同时，竹林里可以玩躲闪、投掷等游戏。自然运动环境中，有无限运动可能，可以激发幼儿主动学习的积极性，发展幼儿综合运动能力（见图10-47）。

图 10-47 竹林乐园

2. 旋转王国

利用幼儿园长廊，用绳子增加一排竹悬挂器材等，幼儿在这里可以以各种姿势悬挂，包括双手悬空、单手悬空、倒挂、连续悬挂等，以提高平衡能力，促进上肢力量的发展。幼儿以各种各样的姿势荡竹秋千，包含躺、坐、跪、趴、站等，拥有无限乐趣（见图 10-48）。

图 10-48　旋转王国

3. 竹片乐园

幼儿利用竹子的各种形态，包含竹棍、竹片、竹圈等，开展跳、绕、跨等各种运动。在这里，幼儿可以自由选择器材，发挥想象，设计不同的游玩路线，每次运动都有不一样的体验（见图 10-49）。

图 10-49　竹片乐园

4. 钻爬乐园

利用各种竹器材，创设多种运动场景。幼儿把竹梯当成小山坡，创造了一个多层次的钻爬空间。幼儿还利用竹席尝试不同方向、不同动作的钻爬。通过创设不同的运动情境，幼儿积极参与到具有趣味性的钻爬乐园中，享受钻爬带来的乐趣。

5. 骑行乐园

骑行能让幼儿身体各部位的肌肉得到练习，促进大肌肉的发展以及身体控制能力的发展，同时使幼儿的身体动作更协调、更灵敏，使幼儿获得视觉运动经验和发展幼儿的空间知觉和判断能力。竹子可以作为障碍物、可以作为轨道等，增加骑行的趣味性和挑战性，也可以让幼儿在竹林中骑行，感受大自然。

"竹思妙想"运动馆从设想开始到启动，经历了多次调整和优化，从开始的半循环到双循环到最后的大循环，促进幼儿多种动作的发展，提高运动素养，发展运动创意，让幼儿均衡发展。

永昌镇中心幼儿园

● 评议：

农村幼儿园如何充分利用本土资源开展运动一直都是一个难题。永昌镇中心幼儿园的创新做法为当前农村幼儿园创设高质量运动环境提供了参考。幼儿园充分利用当地的竹资源，构建了"竹思妙想"运动馆，既保留了农村幼儿生活经验，也充分展现了农村资源特点。同时，也为幼儿园如何利用农村本土资源搭建运动馆提供了范例。

第六节 "小"幼儿园的趣味定向"大"环境

一、幼儿园简介

杭州市舟山路幼儿园星星园区地处大运河畔，占地面积仅 875 平方米，园所虽小但蕴含丰富的空间资源。在自然又充满层次的学习环境中，幼儿园开始对符合幼儿年龄特点的定向运动环境进行探究。

二、特色运动概况

定向运动，又称识图越野、定向越野、野外定向等，起源于瑞典，于 20 世纪 80 年代初传入中国，是指在一张详细精确的地图和指南针的帮助下，以最短的时间，按顺序到访地图上所标的各个点标，从起点开始在每一个点标之间选择自己认为的最佳路线直到终点。幼儿定向运动是指幼儿在一张符合其年龄认知特点的地图帮助下，以最短的时间，在实地按顺序到访地图上所标的各个点标。在该过程中，幼儿从起点开始按地图呈现的路线和点标辨别实景中的方向，徒步寻找，选择自己认为的最佳路线直到终点，完成任务。

三、运动环境创设

（一）可视化定向运动环境创设

幼儿园可视化定向运动环境是幼儿学习的重要组成部分。为了充分挖掘环境的教育价值，教师紧跟幼儿定向运动的进程，将环境与活动有效结合，努力做到环境可视化，让教师看见幼儿的"学"，让幼儿看见教师的"教"，使幼儿成为自己的教师，共同学习成长。

1. 主题墙面，定向显现

主题墙是很好的环境教育资源。教师可利用主题墙，创设适宜的定向运动环境。幼儿通过与主题墙的接触，加深了对定向运动的认知，从而促进定向运动能力的发展。

早期，在定向运动刚成为幼儿园特色时，幼儿对定向运动的概念很模糊，对定向运动也不熟悉。教师创设了简单的定向理念墙，让幼儿了解定向运动的开展离不开地图和指南针这两种重要的器材，明白地图和指南针的重要性以及识图是定向运动的基础（见图 10–50）。

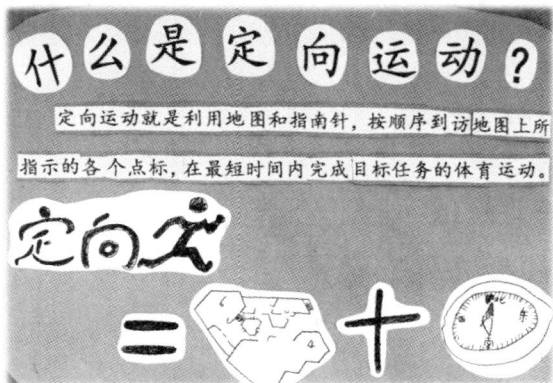

图 10–50 定向运动介绍

主题墙的创设以教师为主，向幼儿传达定向信息（见图 10-51）。

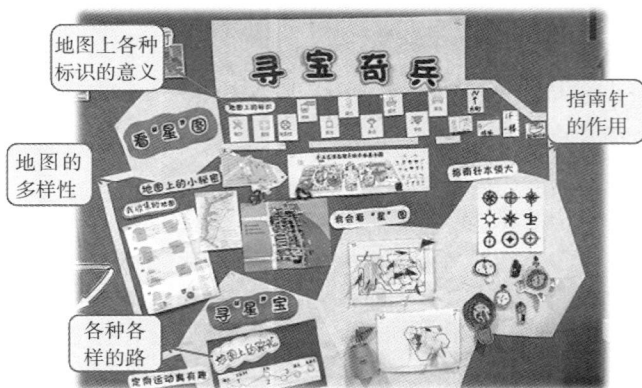

图 10-51　小班定向运动主题墙

中期，随着定向运动的推进，定向运动环境的创设也在不断变化和调整，如小班结合"寻宝奇兵"主题创设了定向运动环境，探究定向运动更多的秘密。定向运动中除了地图和指南针，还有很多要素，如地图种类的多样性、地图路线的多种选择性、地图上标识的作用等，在运动主题环境创设中让幼儿更深入了解定向运动，快速掌握看图的方法。在定向运动环境的创设中，幼儿的参与感增加了，主体性增强了，大大提升了幼儿的存在感以及成就感，拉近了他们和定向运动环境的距离，扩大了主题墙的教育意义。

后期，幼儿积累了大量的定向运动经验，教师将主题墙创设的主动权交给幼儿，由幼儿自主创设。在中班"乐淘淘运动营"定向运动环境的创设中，幼儿创设了"运动项目的选定""任务游戏的设计""绘制图标""路线的制定"等多个板块。教师的参与痕迹弱化，让幼儿成为环境的小主人，幼儿在与主题墙互动时，拥有成就感（见图 10-52）。

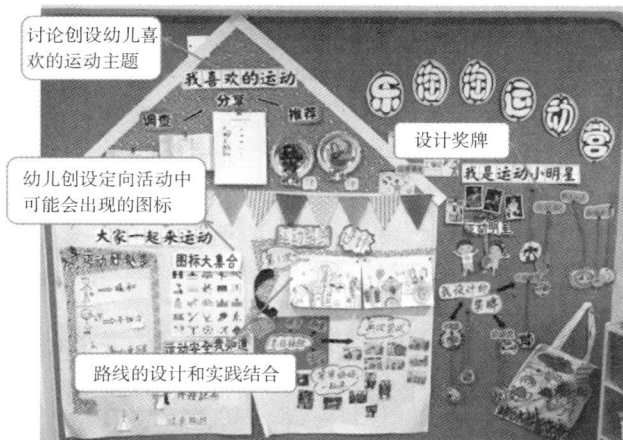

图 10-52　中班定向运动主题墙

2. 区域游戏，定向寻踪

除了在主题墙体现定向运动的内容外，班级区域也是一种很好的资源。结合区域器材，可以提升幼儿各方面定向能力，让幼儿在与区域环境的互动中，获得相应的定向运动经验。

小班幼儿初次接触定向运动，对于方位和点标的概念并不了解。教师在区域中创设迷宫游戏，帮助幼儿了解路线的概念，从而逐渐学会在定向运动时根据图片看懂方位路线。通过迷宫游戏，很多之前看不懂地图中路线的幼儿能够独立找到点标位置（见图 10-53）。

图 10-53　迷宫游戏

中班幼儿在进行定向运动时，会出现分辨不出路线和方位的问题，针对这样的情况，教师在益智区中投放了"小动物回家"的游戏器材，在游戏中幼儿需要根据门牌号将小动物送到相应的房间。

"小动物回家"的游戏方式与定向运动的识图方式接近，通过创设幼儿感兴趣的环境器材，激发他们的游戏兴趣，在区域中用小游戏的方式锻炼幼儿识图能力，最后逐渐过渡到定向运动。

大班幼儿能力有所提升。教师在益智区中投放了"电影院"，但加大了寻找位置的难度。大班幼儿对于定向运动更加熟悉，教师利用这样的游戏器材，帮助幼儿提升空间感、方位感，为后期定向运动难度的提升做好准备（见图 10-54）。

图 10-54 "电影院"

3. 经验导图，随时分享

从班级运动环境的创设到公共区域运动环境的创设，更凸显了幼儿的自主性，面向更多的幼儿。例如，在公共区域，以思维导图的形式展现定向运动，可以帮助教师第一时间了解幼儿的状态。

到了大班，幼儿的定向能力越来越强，定向知识越来越丰富，创新了很多定向运动，包括"积分定向""居家亲子定向""草坪定向""魔毯定向""红蓝 PK 赛"等。幼儿对自己的运动经验进行梳理和分享，包括运动中发现的问题、解决的方法、收获等。

教师以思维导图帮助幼儿梳理定向运动经验，使活动很好地延续，面向更多的幼儿，做到了环境共享。不同年龄段的幼儿都可了解定向运动；公共运动环境创设面积更大、更丰富，更能吸引幼儿，拉近幼儿与环境的距离；凸显园所定向运动特色，使定向运动情况一目了然。

4. 定向器材，随手可取

小角落的设计，让定向运动环境更具有多样性，包括指南针、游戏地图、定标球、点标旗、点标纸等，并且器材都摆放在幼儿便于拿取的位置（见图 10–55）。

图 10-55　充足的定向运动器材

5. 丰富的定向运动设置

每周各班都会错时安排 3 到 4 个半日定向活动。同时幼儿拥有充足的户外自主运动时间，如户外探索游戏、户外挖沙游戏等，幼儿可邀请同伴，自主拿取定向运动器材进行自由运动（见图 10–56）。

图 10-56　幼儿自由拿取定向运动器材

幼儿园定向运动环境无处不在，班级里、走廊上、拐角处都有定向运动的元素，推动着幼儿对定向运动的了解不断加深。

（二）立足情境，趣化定向

小班幼儿处于直觉行动到具体形象思维的过渡阶段，以无意注意为主，充满趣味性的环境能激发小班幼儿对定向运动的兴趣。通过定向运动情境化、定向地图实景化和点标设计多元化三个策略，教师创设出适宜小班幼儿的定向运动环境，从而进一步推进小班幼儿定向运动的开展，提升幼儿多方面能力。

1. "汪汪队出发"——定向运动情境化

面对小班幼儿，教师仅使用语言的方式向幼儿讲解定向运动的活动过程不符合幼儿理解能力发展要求。专业的定向运动对小班幼儿来说也比较乏味、困难，因此教师将不同形式的游戏与定向运动相结合，创设有趣的游戏情境，让定向运动游戏化，激发幼儿对定向运动的兴趣。

幼儿对于抽象概念比较陌生，难以理解，但是对于形象化、趣味性的情境比较感兴趣。教师发现小班幼儿对《汪汪队立大功》这一动画片非常感兴趣，在开展定向运动时，结合幼儿年龄特点，通过语言创设游戏情境，加入音乐渲染游戏氛围，引导幼儿进行角色扮演，将游戏化情景有机融入定向运动中。

在定向运动中，音乐的恰当运用对定向运动氛围的营造有着重要的作用，同时也可以用于维持活动秩序、把握活动时间等。音乐响起时意味着活动开始，音乐停止代表活动结束。

例如，在开展班级定向运动"寻找蛋宝宝"时，需要幼儿在规定时间以最快的速度找到尽可能多的"蛋宝宝"，此时可以播放轻快活泼的音乐，促使幼儿加快游戏节奏，帮助幼儿更好地开展游戏，在欢快的音乐氛围中，幼儿的游戏状态会更加持久。

2. "我是勇敢的毛毛"——定向地图实景化

在借助《汪汪队立大功》动画片开展了一段时间定向运动后，教师发现大部分幼儿都比较喜欢毛毛（消防犬），于是创设消防情境，进一步推进定向运动的开展。同时，随着幼儿定向运动水平的逐步提高，原有以照片展示地图的形式已不能满足幼儿活动的需要，因此根据幼儿实际定向运动水平，教师对地图进行了调整。

第一，实物图片＋箭头地图。在小班幼儿定向运动初期，教师投放了实景图片地图，但是地图上没有箭头、起点、终点和相应的路线。教师发现幼儿在活动时，会出现同一个地点多次"打卡"的情况，很多幼儿盲目地、随意地、没有明确目标地在寻找点标。因此，教师对地图进行了调整，以实物图片和箭头相结合的方式，引导幼儿从起点出发，按地图箭头标识的路线，理解"按顺序到访指定点"的含义。例如，按箭头分别去寻找消防员的帽子、衣服、灭火装备的图片等。

第二，手绘实景地图。将地图调整为实物图片和箭头相结合的方式之后，教师发现，幼儿能够根据地图上的实物图片，在很短的时间里找到点标位置并进行"打卡"，实物图片和箭头相结合的方式已经不能满足幼儿的活动需要。因此，教师再次调整了地图。教师投放了简单的手绘实景地图，将实地范围内的标志性建筑以手绘形式呈现在地图上。手绘实景地图既有一定的科学性，又能让幼儿马上找到点标，帮助幼儿更加熟悉定向运动空间，感知手绘实景地图上的方位、走向以及与实景的联系与区别（见图 10-57）。

图 10-57　幼儿园手绘实景地图

同时，小班幼儿定向运动后期，教师选择草坪、操场或有标志性建筑物的户外某一特定区域作为定向运动场地，并定期更换定向运动场地。

随着相关定向运动主题活动的开展，幼儿对周围环境中的数字、标志、箭头更加熟悉，也开始利用它们来解读地图。

3."汪汪队大救援"——点标设计多元化

以《汪汪队立大功》这一动画片情境为蓝本，不断调整改进点标的

"打卡"形式、放置位置等，同时延伸出多种多样的定向运动形式，例如，"救援鸭妈妈的蛋宝宝""解救小动物""汪汪队的甜蜜之旅"。

第一，点标投放实物化。小班幼儿开始发展具体形象思维，仅以图片代替点标的方式会使幼儿的运动兴趣慢慢减退。因此，投放的点标以实物为主。例如，在"救援鸭妈妈的蛋宝宝"中投放真实的鸭蛋，在"汪汪队的甜蜜之旅"中投放真实的糖果。实物点标的投放，既贴近小班幼儿的生活，趣味性强，又能激起幼儿的参与性与主动性。

第二，"打卡"形式多元化。除了以收集真实物品为"打卡"方式，也可以根据不同游戏内容，创设多种"打卡"形式。

真实的器材对幼儿的吸引力非常大，但是教师发现在定向运动的过程中，会出现幼儿错拿或多拿器材的情况，并且手上拿着的物品过大、过多不方便进行活动。因此，适时调整"打卡"形式，如投放贴纸、印章、水彩笔等。

"打卡"方式不仅包括幼儿直接获取，有时也要求幼儿在点标处完成相应的任务。丰富的打卡形式，可以促进定向运动多种形式的发展，从而为幼儿带来新鲜感，激发游戏兴趣，增加运动量。

第三，点标位置立体化。点标位置不同，游戏的形式也会产生不同的效果，不仅增加了运动趣味性，幼儿的运动量也能自然提高。

根据最近发展区理论，适度的挑战能激发幼儿活动的兴趣和意愿。反之，则会使幼儿处于低水平的重复状态或情绪懈怠。在放置点标时，不仅需要考虑低于或平行于幼儿视线的位置，方便幼儿拿取，帮助幼儿树立游戏信心，也要考虑高于幼儿视线的位置，给幼儿设置适度的挑战，以增强幼儿运动的兴趣和能力，发展思考解决问题的能力，促进幼儿向更高水平发展。

4.反思与调整

有效利用幼儿园室内环境，提供不同器材，创设多样的定向运动环境，丰富定向运动形式，吸引幼儿主动、积极地参与活动。

第一，规划室内空间，提升空间利用率。巧用幼儿园环境，将走廊、楼梯、转角等有限的室内空间充分利用起来，设置不同的运动区域，如攀爬区、平衡区、跳跃区、投掷区等。合理利用空间及空间内的器材，拓展室内运动空间，打破天气限制。

第二，投放定向运动辅助器材，丰富定向运动开展形式。不同的器材具有不同的特点和功能，要根据定向运动形式需要和幼儿年龄特点来提供不同的器材，支持幼儿对器材进行组合，引导幼儿自发的运动与游戏。

通过定向运动，幼儿对身边环境有了更多的观察，识图能力有了提升，丰富了运动经验，获得了更多自主运动的空间，在与定向运动中的人或物互动过程中提升了身体素质，形成对人、对事、对物的正确态度，促进其社会性发展。

舟山路幼儿园星星园区

● **评议：**

幼儿的生长发育不会因幼儿园场地狭小而停止，幼儿好运动的天性也并不会因为空间狭小而丧失。地处城市中心的小规模幼儿园应该如何开展并推动幼儿运动是一个难题，舟山路幼儿园星星园区虽然占地仅875平方米，但是能够为小规模幼儿园开展体育活动提供参考与借鉴。该幼儿园充分利用园内的回廊、环形跑道，以及园外的大运河等丰富资源，让幼儿在自然又充满层次性的环境中进行运动，既满足了幼儿的运动需求，又满足了幼儿的社交需求。通过趣味定向运动把幼儿的运动半径由幼儿园扩大到周边的整个社区，使定向运动贯穿幼儿的多方面学习与发展。如果能够在定向运动中增添更多的动作技能元素将更能够体现出运动的教育观念与锻炼价值。

第七节　幼儿园"纸上运动"环境创设

一、幼儿园简介

杭州市萧山区河上镇中心幼儿园是一所公办幼儿园，浙江省一级幼儿园，致力于培养慧生活、汇创新、会担当的新时代小主人。

二、特色运动概况

（一）基本概念

纸上运动是以纸箱为主要游戏活动器材，由教师、家长开发制作成教玩具或提供纸箱原器材，供幼儿"一物多玩"和"多物组合玩"的户外体育运动。幼儿通过与纸器材互动，提高运动技能，增强身体抵抗力，可有效促进身心健康发展。

（二）运动目标

纸上运动目标是培养敏捷强健（灵活敏捷、身体强健）、敏锐智造（观察思考、问题解决）、敏慧善往（善于交往、向上向善）、敏感创想（敏感审美、想象创造）的小达人。

（三）运动理念

第一，"动"中释放。运动是幼儿生命中自然而然的表达方式，尊重幼儿的学习特点和发展规律，以幼儿园纸器材为依托，创设功能多样、灵活百变、层次不一的运动场所，让每个幼儿在运动中释放天性，增强意志，健全心智。

第二，"境"中享受。运动课程以游戏情景为基础，在多元的游戏情景中充分调动幼儿的内部驱动力，让他们体验运动的乐趣。

第三，"究"中发展。幼儿是天生的玩家、天生的主动学习者，当运动情景不能满足幼儿挑战欲望时，幼儿通过自我创设、自我挑战，实现自我满足，成为主动的、快乐的学习者。

（四）运动特点

第一，快乐游戏性。幼儿在快乐的情境中体验纸上运动的乐趣，满足幼儿真正的需求，形成幼儿乐玩、乐享的氛围。

第二，开放自主性。开放性器材、自主性运动，幼儿在自由选择、商议中游戏，培养他们乐观、乐群的精神。

第三，组合创新性。师幼创新组合、创意拼搭，激发幼儿潜在的创造力，实现共同创想、创作新体验。

第四，多元整合性。在运动与表达、运动与交往多领域共生的情境中，关注幼儿多元智能，追求幼儿的多元性发展。

三、运动环境创设

（一）攀爬钻乐场

攀爬钻乐场，指的是以攀爬、钻爬等技能为主创设的军乐挑战场。河上红色文化深入人心，以军乐为线索增加战场挑战性，能够有效吸引幼儿主动参与。攀爬钻乐场有利于钻、攀爬运动的练习，内有一整面攀爬墙，深受幼儿喜爱，如"螃蟹钻洞""红军的地道战"等游戏都在这里产生。

（二）跳跃战地场

跳跃战地场，指的是以跳跃技能为主的游戏场地，深受幼儿喜爱。以战地为主题，挑战性强，能够满足不同幼儿的需求，幼儿可以根据想象自由创设战地情景。在这个区域，幼儿主要利用各种不同高度的纸箱，配合不同辅助器材从高处跳下；幼儿还可以使用跳跳板等器材进行跳跃路线的设计。

（三）竞球英雄场

竞球英雄场指的是幼儿可在场地进行趣味玩球、竞技玩球活动，具有明显竞技规则。幼儿通过不同方式玩球、玩不同的球，增长球类技艺。幼儿或利用纸箱、纸线筒自制球门玩绕筒进球游戏，或利用开洞鞋盒、足球玩踢球游戏，或利用大小不同的球玩抛接球游戏，或利用纸箱、纸筒等玩花样拍球游戏，幼儿一起完成拍、投、运、抛、接等竞技挑战游戏。

（四）酷跑飞人场

酷跑飞人场指的是以跑步为主的运动游戏区域，在这个区域幼儿把纸箱、纸筒等纸器材作为趣味跑步的辅助器材和障碍物，游戏趣味性增强（见图10-58）。

（a）纸棒接力　　　　　（b）踢球进纸箱　　　　　（c）"撕名牌"游戏

图 10-58　酷跑飞人场

（五）稳步前行场

稳步前行场指的是以锻炼平衡能力为主的运动游戏区域。该区域运用大小不同的纸箱、高低不同的纸筒和梯子、宽度不同的纸板等多种器材，搭建不同路线，幼儿进行平衡走挑战，教师还会使用挑担、长管、纸球等器材增加平衡走难度。

（六）宝贝运动场

宝贝运动场指的是幼儿在自然的情境中，自主选择器材与攀爬网架、滑索等进行运动游戏的场域。幼儿可以在坡度不同的斜坡上跑、滚，在隐蔽、神秘的树林中攀爬、钻。

（七）民俗竞技场

民俗竞技场，指的是以河上民俗中心的运动技艺为主的运动竞技场域。幼儿园地处河上镇，河上舞板龙、跑马灯、举高照、踩高跷等民俗运动丰富，幼儿在走、跑、民俗器材控制中发展动作的协调性、灵活性，在民俗中玩，在玩中学。幼儿园以龙灯盛会为引，以民俗板龙、高照等为切入点，不断探寻民俗运动的有效开展。

（八）骑行魔力场

骑行魔力场，主要指的是与车子的互动，核心在于对不同骑车方式的探索。骑行魔力场以车为主题，有不同类型的车供幼儿选择使用。幼儿园操场模拟社会情境，生发出送快递游戏、救援游戏等，幼儿与车共舞，欢乐不断，既锻炼了他们手脚协调能力，又提高了反应灵敏度。

（九）综合百变场

综合百变场，指的是自由开放的场域。综合百变场为幼儿提供的器材多为小型器材，取放方便但功能指向性比较强，如跳绳、跳袋、羽毛球、布带、牛皮纸等。在这里幼儿可以锻炼多种运动技能，如拉、抛接、踢等能力得到提升（见图10-59）。

（a）拖拉绳子　　　　　　　　（b）跳袋

图10-59　综合百变场

纸上运动的开发与开展，充分展现了幼儿园及周围环境的优势。混龄式运动的开展，促使纸上运动持续开发，不断提升教师利用本土教育资源的意识和能力，完善对户外运动区的设计、实施。纸上运动的趣味性、自主性，吸引幼儿积极参与，发展了幼儿运动技能和动作的协调性、灵活性，培养了幼儿大胆、自信、勇敢的品质，激发了幼儿的创造力与想象力。

萧山区河上镇中心幼儿园

● 评议：

萧山区河上镇中心幼儿园提供了一个如何有效利用当地资源的范本。作为一个城乡接合部的幼儿园，其既有城市的一些现代特质，也有农村淳朴的特点，整合当地资源可以使两者较好融合为一体，既让工厂里的废旧材料得到了有效利用，节约了部分购买运动、游戏器材的经费，而且充分激发了教师和幼儿的想象力和创造力。高结构的纸箱化身为低结构的器材，构建了形式多样的运动场地与器材，材质不一、高低不一、大小不一的纸箱在小小的运动场里大放异彩。

第八节　杭州云谷幼儿园运动环境

一、幼儿园简介

杭州云谷幼儿园成立于 2018 年。云谷幼儿园开展的"生活启智"课程突出自然与运动，位于西湖群山旁的桃源坞园区已形成鲜明的节气山林课程特色。

二、幼儿园理念

平时，幼儿和班级教师一起运动，在游戏中感受运动；幼儿和运动教师一起运动，挥洒汗水、感受心跳。每逢星期五，幼儿在俱乐部体验运动项目。教师非常看重运动，不是每一个幼儿都具有惊人的运动天赋，但是每一个幼儿都需要健康的体魄去感受成长！世界上最宝贵的资源是幼儿，幼儿的健康成长是可持续发展的保证。人生最宝贵的财富是健康，健康的身体是幼儿一生的财富。

在云谷幼儿园，环境随幼儿改变，幼儿在有限空间里进行着无限创造。

幼儿园坚持：让运动在自然中发生，没有不合适的场地；让运动每时每刻发生，没有不合适的天气；让运动成为一种氛围，没有不合适的教室；让运动成为一种习惯，没有不合适的家庭。

对于运动环境，有看得见的也有看不见的。看得见的诸如运动器材和运动场地，看不见的是园所每个人对运动的理解、信念和爱运动的心与行。相比看得见的，看不见的理念与精神更重要。如果教师不重视运动，再多、再好的运动器材都会成为摆设；如果教师重视运动，每一个树枝、每一片树叶都能成为运动器材，每一面墙、每一个台阶都能成为运动的好帮手，自然万物皆成运动资源。

幼儿园的理念是"运动是每一个人的习惯与生活方式"，有一百种游戏、一百种玩法让幼儿想玩、敢玩、喜欢玩，幼儿园的"运动磁场"来自每一个人的参与。

三、园内运动环境

教师依托幼儿园独特的地理位置，围绕草地铺设了木板轨道，让幼儿可以自由骑行；教师围绕高大的银杏树，搭建了树屋，悬挂了爬绳，让幼儿能够感受园所的一草一木。还有依据地势搭建的探秘隧道、攀爬墙，环绕园所的木桩及石路……依托大环境，让运动随时随地发生，让每一个幼儿都有自己的运动场。

除了室外的自然环境，室内空间在天气恶劣情况下，也会给运动提供有力保障。幼儿园专门对一楼的架空层进行了改造，使其成为探索户外运动的"冒险湾"。教师也充分利用教室、走廊、桌椅等设计游戏，带领幼儿开展运动。

大环境、大空间保障了幼儿的运动场地，而丰富多样的运动器材则是教师依据幼儿的基本动作技能发展需要精心配置的。器材的多样化可以让幼儿充分感知、熟悉、尝试及探索，激发运动兴趣，进而达到动作技能的发展和幼儿运动项目经验的生成。器材的开放性使器材之间可以互相搭配，灵活组合，锻炼幼儿多方面的能力，比如，呼啦圈与跳绳的搭配，平衡车与平衡木的联结等。

在与器材充分互动的基础上，幼儿可以创造玩法，就算没有器材也可以运动。

四、园外空间延展

除了幼儿园园内的环境，教师也主动充分发掘和利用幼儿园周边环境资源，拓展幼儿的运动空间，比如社区的网球场（见图 10-60）。

图 10-60 园外社区网球运动场地

此外，幼儿园坐落在北高峰山脚下，爬山成了幼儿喜爱的运动。爬山除了可以感知户外，还能进行耐力锻炼，发展坚毅的品质。同时，教师还利用山的地势、山貌和树林等开展活动，如"拥抱大树一分钟""变奏穿梭树林""无声行走在丛林中"等。

五、运动科技设备

给运动插上科技的翅膀，让运动痕迹清晰可见。幼儿园中每一个幼儿都佩戴了运动手环，教师通过运动手环可以看到幼儿的运动量，了解幼儿的运动强度，精准判断幼儿对某些运动区域的感受。幼儿园里定点的运动交互设备，让幼儿可以自主了解当下的运动情况，了解自己的运动状态，从而自然地调动运动热情。有了运动手环及交互设备，家长可以通过手机端了解幼儿的运动曲线；教师可以对比不同活动设计与运动量的关系，更科学地调整运动环节、运动量。

六、"看不见"的运动环境

教育环境对于幼儿发展的影响是潜移默化的，幼儿对外界的认知以环境交互为主，而运动环境是根据体育运动目标及幼儿身心发展需要精心创设的环境支持。对于运动环境的创设，常见的是有形的器材、场地等，但极易忽视"看不见"的精神环境支持。比如心理环境的营造和运动氛围的支持，这些无形的教育环境，能够激发和调动幼儿参与运动的积极性。而无形的运动环境营造需要全园的配合，并且需要参与者相互支持。运动场域里所有的参与者都是氛围的营造者，师生、生生互动激励，才能让运动精神传递。精神营造需要在所有理念和意识上达成共识，幼儿园在幼儿运动上有四大原则：（1）大家一起玩，更开心！（2）怎么玩，我说了算！（3）没有不合适的天气，只有不合适的装备。（4）让运动自然发生。

其中，"大家一起玩，更开心！""怎么玩，我说了算！"是对幼儿园精神环境营造最好的诠释。"大家"是指教师和幼儿，也指所有在运动场域的人。运动需要集体参与，需要多人合作，需要彼此协助，还需要相互鼓励。

第一，打破班级、年龄界限。幼儿自主选择玩伴，对于和谁一起玩，怎么玩，幼儿可以自主决定和选择。

第二，教师是最佳玩伴。幼儿园倡导教师"像个孩子又不是孩子"，有一颗爱玩、会玩的心，在任何场合都能和幼儿玩在一起。幼儿自己玩得开心，教师可以和幼儿一起玩得更加"高级"，更具挑战性。积极投入的教师，会是幼儿最佳的学习榜样，也会为运动场增添热情。

幼儿是游戏的发起者和设计师，基于所有的场地和器材，幼儿可以自主创造，多变组合。幼儿可以自信地表达自己的观点，大胆地发挥自己的创意。

第一，没有场地和器材的限制。幼儿可以自由选择场地和器材，所有教师都会尊重幼儿的选择，并支持他们对于空间和器材的探索。

第二，没有玩法的限制。每一种器材不止有一种玩法；每一场游戏不止有一种规则；每一个场地不止有一种功能。幼儿可以主动设计，自主创造。

给予幼儿自主自在的选择氛围，同伴、教师相互信任鼓励的言行，同伴、教师投入运动的榜样传递，这些都是无形的环境支持，也是幼儿园非常看重又非常重要的"看不见"的运动环境。

云谷幼儿园

● 评议：

让运动在自然中发生，让运动每时每刻发生，让运动成为一种氛围，让运动成为一种习惯。云谷幼儿园关于幼儿运动的独特观点打破了幼儿运动必须要有足够的空间和充足的器材、教师具备足够的运动技能和知识等陈旧观念，拓展了幼儿园运动教育的视野与场域。看重健康，崇尚自然与运动融合的理念，并把这种精神渗透在幼儿园的角角落落。班级、年龄的界限被打破，教师、幼儿教与学的身份被打破，运动场中处处彰显出平等的文化氛围。幼儿园因地制宜，充分利用了室内、室外与周边环境资源来拓展运动场地和器材，运动不但在游戏中进行，也成了游戏活动的重要内容，运动与游戏紧密交融在一起。在这样的氛围中，幼儿感受到了支持和尊重，产生了归属感，有利于心理健康和社会性的发展。器材的开放性、可搭配性与灵活组合性培养了幼儿的想象力和创造力。教师与幼儿一起参与游戏，极大地提升了幼儿运动的热情与运动方式。运动手环等科技手段在运动中的使用使幼儿自己、教师、家长都能了解幼儿的运动情况，为运动教育方案的科学制定提供了依据。

第九节 利津游戏的运动环境

一、幼儿园简介

以培养"奔腾不息的黄河娃"为其目标的"利津游戏"，是山东省利津县幼儿园户外游戏的简称，由利津县第二实验幼儿园园长赵兰会及其团队历经10余年探索创建。极具中国北方本土性的利津游戏，遵循"健康的身体是历练出来的，不是保护出来的"的理念。解放了幼儿，让他们尽情地释放天性、张扬个性。教师的大胆放手，真正体现了"把游戏还给幼儿，把童年还给幼儿，把快乐还给幼儿"的精神，做到了让幼儿在玩中学，学中玩，把"电子幼儿""塑料幼儿"彻底还原为"自然幼儿"。在追求幼儿传统游戏与户外野趣游戏相结合、游戏与五大领域教育相结合、班级户外自主游戏与全园混龄户外游戏相结合、户外游戏与室内区角游戏相结合的过程中，生态、传统、挑战、探索、快乐等核心精神在其环境中处处彰显。运动中的野蛮、教室里的文明在幼儿的成长中一一凸显，推动幼儿均衡发展。

二、幼儿园理念

（一）"爱"的本质——信任、大胆、放手

对教师而言，"爱"的本质就是信任、大胆、放手。"信任"表现为对幼儿的信任，不仅是情感信任，更重要的对幼儿所具备的积极主动的学习能力的信任，以及对幼儿自我评估运动危险能力的信任。自我保护是幼儿与生俱来的本能，他们对危险的把控，对安全边界的感知，都是天生的。对教师来说，"爱"不但表现为爱岗、爱业，更重要的是爱幼儿，大胆对幼儿放手的背后就是深深的爱。对幼儿来说，"爱"就是爱自己、爱他人、爱自然。

1. 信任从器材设置开始

幼儿是否有能力把握自己的身体，幼儿是否能有效评估危险，幼儿是否能安全运动，这一切都不是由教师说了算。选取什么样的器材，这源自教师对幼儿的信任。这种玩法是否安全，这源自教师对幼儿的信任程度。唯有信任，才敢让幼儿拥有这样运动的机会，唯有信任，才有这样的运动空间与时间（见图 10-61）。

图 10-61　多样的运动器材

2. 大胆从冒险挑战开始

有一种危险叫作成人认为的危险，而幼儿往往喜欢这样的冒险与挑战。教师的大胆表现在平时对幼儿能力的充分观察上。只有了解幼儿冒险与挑战的欲望，以及幼儿的能力后，教师才会大胆地让幼儿尽情活动（见图 10-62）。

图 10-62　冒险与挑战性的环境

3. 放手从欣赏开始

欣赏是在对幼儿能力信任的基础之上而产生的。教师的大胆使得幼儿有尝试与创新的机会，教师的放手能深入了解幼儿的潜能。在安全教育实施的过程中，教师欣赏进而鼓励幼儿不断在运动中及社交过程中获得自信、自尊（见图 10-63）。

图 10-63　幼儿挑战独木桥

（二）"玩"的核心——自信、勇敢、冒险

自信、勇敢、冒险的幼儿才是未来中国的脊梁。"玩"是幼儿的天性，会玩、能玩、敢玩的幼儿是聚技能、智慧、勇敢、合作等多种能力于一体的幼儿。

（三）重塑人与自然的关系

越来越多的研究证明，自然环境中的活动对幼儿的健康发展非常有必要，为了让幼儿亲近大自然，幼儿园做起了大自然的搬运工，使幼儿园里的各个角落都恢复了自然的样子，构成了一个良性自然生态系统，拉近了生活与自然的距离，重新建立了幼儿与自然的联结，让幼儿在真实的世界里学习、奔跑、攀登、跳跃。

生活即教育，幼儿在爬树采摘西红柿时，他们的攀爬能力和应对复杂环境的能力也在逐渐提升。冬季的雪地也成为幼儿玩乐的天地（见图10-64）。

图 10-64　生活场景中的攀爬

幼儿园里的每棵树、每个水池、每一块空地都成了运动主角，都是幼儿故事的源泉（见图10-65）。

图 10-65　幼儿园内的自然环境场地

三、大型固定器材乐园

随着自由游戏的盛行，低结构、可移动、可组合的器材受到了当前各大幼儿园的推崇，高结构大型组合器材的地位逐渐下降，甚至被遗弃。但幼儿园对高结构大型组合器材进行了改造，使其受到幼儿的喜爱。幼儿园更注重通过高结构大型组合器材来促进幼儿上肢力量、腰腹力量、下肢力量、身体控制能力、平衡能力、协调能力等发展，培养勇敢、坚毅、果断、顽强品质的吊环、爬杆、爬绳、荡绳等器材随处可见。

在复杂的绳索上进行多人追逐游戏对幼儿来说是一种挑战，不一样的旋转器材也会让幼儿身体控制能力与平衡能力得到进一步提升。

四、爱国教育渗透于环境

"做人，做中国人，做现代的中国人"，陈鹤琴先生在《活教育》中的育人目标在幼儿园得到了充分体现。

传统体育游戏承载了传统文化。边角等空地是幼儿玩耍和认识各种几何图形的最佳场所（见图 10-66）。

图 10-66　传统体育游戏

利津县第二实验幼儿园

● 评议：

让幼儿会玩、能玩、敢玩，是利津第二实验幼儿园户外环境创设的基本理念。幼儿园里教师和幼儿彼此信任，教师大胆放手给予了幼儿释放天性、张扬个性的机会，同时教师成为幼儿的玩伴，加深了彼此的关系。在这个环境中，教师"倾听幼儿"，幼儿则在"倾听自然"，树林、草地等自然环境为幼儿提供了与自然接触的平台，重建了幼儿与自然的联系，让幼儿成为自然的一部分。少年强则国强，幼儿园中随处可见的吊环、荡绳、爬杆、软梯等体能练习器材，与培养勇敢、坚强品质的练习方式为幼儿体质健康提供了强有力的支持，有利于促进幼儿身体素质与积极品格的全面发展。幼儿园注重幼儿的均衡发展，将游戏与五大领域教育相结合，让幼儿在玩中学、学中玩，能玩、会玩、敢玩。极具中国北方特色的传统文化传承与创新处处凸显，爱国教育渗透在环境中，器材的选择与幼儿的动作发展需要相符合，"危险性"的环境与幼儿喜欢冒险与挑战的心理需求相符合。在幼儿脑发育的关键时期，丰富的环境、适宜的刺激非常重要，丰富的环境是指在良好的情绪支持下，幼儿可以主动地探索周围环境并和周围环境发生互动。在这里，幼儿有尝试与创新的机会，能够根据自己的需要和兴趣自由充分地进行游戏。

第十节　慧玩：幼儿园"野趣运动"环境

一、幼儿园简介

杭州市萧山区所前镇中心幼儿园位于生态古镇所前，是镇内第一所独立法人的公办幼儿园，浙江省一级幼儿园。该园秉承"教育务实原点、天性服从起点、生态营造特点、创新构建亮点"的办园理念，力求培育亲力、亲智、亲善、亲美的拥有家乡情怀的幼儿，创富有"山水味道"的美好教育。

二、特色运动概况

（一）基本概念

结合园所"亲力运动"的理念，融合生态环境，在运动中注重

"野""趣"。

生态野趣运动指，结合本土地域生态性和乡亲课程园本性，充分利用大自然中的原始材料及本土资源，开展各种富有趣味性、挑战性的运动项目，让幼儿尽情地玩、充分地玩，在运动中发展运动技能，培养幼儿大胆、自信、勇敢的个性心理品质。

（二）运动目标

结合野趣运动的生态性和园本课程，从科学、社会、艺术、语言、健康五大领域出发，围绕课程"亲力目标"，在野趣运动中，培养敢于挑战、喜欢冒险、懂得关爱、热爱运动、身心健康的幼儿。

（三）运动理念

幼儿园把幼儿的身心健康放在首位，围绕运动目标，创造生态自然、富有野趣的运动环境，注重培养幼儿运动兴趣和习惯，赋予"亲力运动"更多的内涵，使他们能在最自然的状态中释放天性、冒险创新。

生态野趣：尽可能保持原生态，能够让幼儿玩在其间，乐在其中。

释放天性：顺应幼儿天性，融生态游戏、劳动实践、民间运动等多种运动方式于一体，充分激发幼儿运动热情，提高运动能力。

冒险创新：遵循幼儿学习方式和特点，连接运动主题，拓展运动内容，培养幼儿冒险创新精神。

（四）运动特点

秉承健康性、教育性、文化性、游戏性，以达到"优化野趣运动、促幼儿身心健康发展"的目的。

健康性：充分挖掘乡土生态资源，打造自然野趣运动，促进幼儿身心全面发展。

教育性：教育策略的有效化、人文化，实现野趣运动的教育价值。

文化性：融合园所"乡亲"特色课程理念，创造富有乡土文化特色的生态野趣运动。

游戏性：遵循幼儿天性，将运动游戏化，提高幼儿的运动自主性。

三、运动环境创设

（一）精心规划，全园统筹

幼儿园根据场地特点、功能趋向及野趣运动特点，基于各年龄段幼儿的动作技能要求，围绕五大领域发展目标，将户外运动场地划分成九大区块：民游运动一条街、探险基地、趣味寻宝营、快乐闯关廊、骑趣乐园、动感搭建乐园、野营基地、悦动球区、滚滚乐广场（见图10-67）。

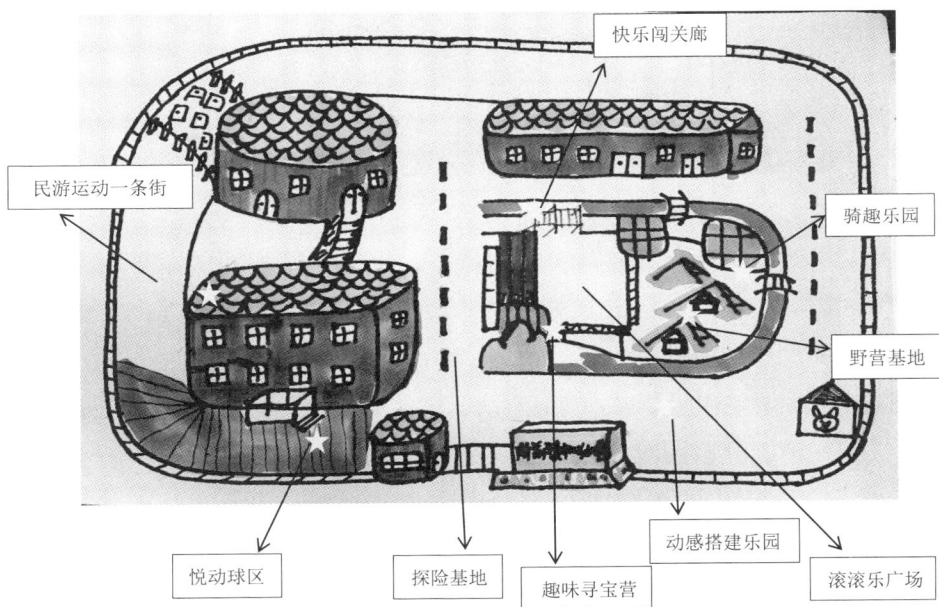

图10-67　生态野趣运动场地分布

（二）地貌布局，生态彰显

1. 民游运动一条街（东区环形路）

主要发展幼儿跨跳、平衡、攀爬等能力，利用塑胶跑道的形状及空间特征，把民间游戏引入幼儿园，如滚铁环、跳房子、踩高跷、抖空竹、跳皮筋等。这些活动组合起来便形成了综合性的"民游运动一条街"，共包含三个区域，可容纳三个班级的幼儿进行运动。

民游运动一区：由自主游戏区和民间游戏区组成，自主游戏区中幼儿创设了"老鹰抓小鸡""丢手帕""推小车"等运动游戏。民间体育游戏区中，幼儿会开展跳皮筋、抖空竹、跳竹竿舞等运动游戏，形式活泼轻松，幼儿在游戏中提高了身体的灵敏性，学会遵守规则，同时增强了体质，培养了合作精神（见图10-68）。

图10-68　民游运动一区

民游运动二区：针对道路狭长的特点，提供材质不同、宽窄不一的高跷，增加趣味性挑战设计，比如走独木桥、走楼梯、绕绳子等，促进幼儿平衡能力和动作协调性的发展。

同时增设了情境性游戏，如角色扮演、"两人三足"等，让幼儿勇敢迎接挑战，在不断克服困难中体验成功的喜悦（见图10-69）。

图10-69　民游运动二区

民游运动三区：该运动场地内设有大小型蹦床、民间器材等，同时增加了投篮、摘果子等情境性闯关游戏设计，很大程度地提高了幼儿的运动兴趣，同时强化幼儿跑、跳等技能动作的发展（见图10-70）。

图 10-70 民游运动三区

2. 探险基地

该场地大多地势平整、宽敞，靠近假山，适合设置成综合运动区，包含环形跑道区、攀爬区和综合探险区。幼儿共同设计了迎风跑、滚铁环、勇攀爬、彩虹乐等游戏，有利于发展幼儿钻爬、跑、跳、跨、平衡等综合能力（见图 10-71）。

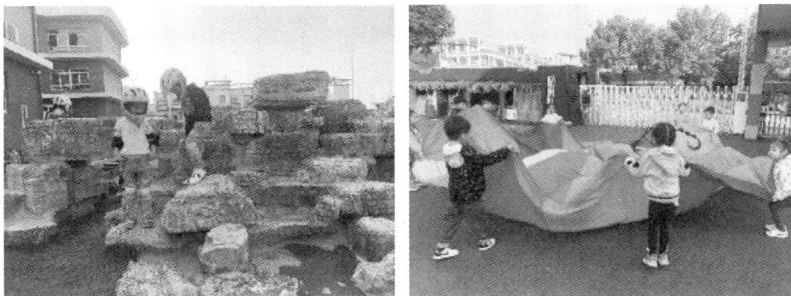

图 10-71 探险基地

3. 趣味寻宝营

该运动场地设有大型攀爬玩具和武术擂台，并增设了高低单双杠。根据幼儿兴趣，创设了情景式寻宝游戏发展幼儿攀爬、平衡、身体控制等能力。武术擂台的设计，既体现了园所武术课程特色，又满足了幼儿学习武术的愿望（见图 10-72）。

图 10-72　趣味寻宝营

4. 快乐闯关廊

位于幼儿园葡萄架处，临近小溪和农庄，四周铺有鹅卵石道路，幼儿可进行平衡走练习。幼儿还可以对周边的生态环境进行养护，如除草、松土、浇水等。幼儿可以在生态野趣的环境下进行运动，锻炼平衡、投掷、劳作等能力（见图 10-73）。

图 10-73　快乐闯关廊

5. 骑趣乐园

该场地真实还原了马路上的情境，且有陡坡设计。而且乐园临近小溪，利用幼儿园的生态资源创设了三轮车运水竞技赛、平衡车运货竞技赛以及独轮车挑战，发展幼儿运动技能的同时还提高了他们的社交能力及反应灵敏度（见图 10-74）。

图 10-74　骑趣乐园

6.动感搭建乐园

该运动场地位于幼儿园北部大广场，地势平坦、宽阔，南临马路，靠近小溪、农庄以及沙坑，方便设置大型器材，满足幼儿自由搭建运动器材的需求和促进各种运动技能的锻炼（见图 10-75）。

图 10-75　动感搭建乐园

7.野营基地

该运动场地是幼儿园最具有生态特征的场地——山坡。山坡地势高低不同，可利用不同的地势特征，引导幼儿寻找不同的材料在山坡上滑草、攀爬等。山坡环境四通八达，与其他游戏区域互通性强，内有大型攀爬架、鹅卵石小路、小木屋、沙袋、油桶等。山坡旁小溪环绕，有利于开展真人 CS 游戏，增强幼儿运动的趣味性（见图 10-76）。

图 10-76 野营基地

8. 悦动球区

该区域由防腐木和塑胶跑道两者相结合，场地较大，地势平坦，适合篮球、足球和攀爬三种运动结合，创设了篮球接力赛、球儿飞飞、飞檐走壁等游戏，涵盖了跑、跳、投等多种身体运动形式（见图 10-77）。

图 10-77 悦动球区

9. 滚滚乐广场

该场地是一个"凸"形塑胶广场，空间较大，地势平坦，适合滚筒运动以及各类轮胎的平衡活动。幼儿可以挑战站在滚筒上平衡前进，也可以进行比赛，或者多人合作，增加游戏趣味性，充分满足幼儿挑战、冒险的欲望。

野趣运动的价值在于它是一个真正尊重并确保幼儿游戏权利的模式。通过阶段研修，幼儿园已初步形成野趣特色运动环境和运动方式，其间，幼儿园和教师获得了幸福感，师幼彼此理解、信赖、互动互学、共同生活和成长。跟随幼儿的脚步、节奏而改造环境，为幼儿提供丰富的辅助材料，让幼儿大胆地、自由地走近自然，去感受、去体悟、去探寻、去挖掘，让他们在自己能够支配掌握的世界中健康快乐地成长。

萧山区所前镇中心幼儿园

● 评议：

  萧山区所前镇中心幼儿园，结合本土地域生态性和乡亲课程园本性，充分利用大自然中的原始材料及本土资源，开展了各种有趣且富有挑战性的运动项目，让幼儿在尽情玩、充分玩的过程中既获得了基本动作的发展，也促进了身体素质的提升。虽然环境的创设与教师紧密相关，但是幼儿的智慧也充分彰显，而且与幼儿的生活、劳动、游戏，以及运动高度相关。当幼儿熟练掌握现有的游戏方法以后，可打破现有的区域功能限制、器材使用限制、活动对象年龄限制，更利于幼儿全面发展。

参考文献

Alhassan S, Sirard J R, Robinson T N. The effects of increasing outdoor play time on physical activity in Latino preschool children[J]. International Journal of Pediatric Obesity, 2007, 2(3): 153-158.

Baker J L, Olsen L W, Sorensen T I A. Childhood body-mass index and risk of coronary heart disease in adulthood[J]. New England Journal of Medicine, 2007, 357(23): 2329-2337.

Boldemann C, Dal H, Martensson F, et al. Preschool outdoor play environment may combine promotion of children's physical activity and sun protection: Further evidence from Southern Sweden and North Carolina[J]. Science and Sports, 2011, 26(2): 72-82.

Bower J K, Hales D P, et al. The childcare environment and children's physical activity[J]. American Journal of Preventive Medicine, 2008, 34(1): 23-29.

Cagne C, Harnois I. The contribution of psychosocial variables in explaining preschoolers' physical activity[J]. Health Psychology, 2013, 32(6): 657-665.

Caspersen C J, Powell K E, Christenson G M. Physical activity, exercise, and physical fitness: Definitions and distinctions for health-related research[J]. Public Health Reports, 1985, 100(2): 126-131.

Dowda M, Brown W H, Mciver K L. Policies and characteristics of the preschool environment and physical activity of young children[J]. Pediatrics, 2009, 123(2): 261-266.

Gordon E, Tucker P, Shauna B, et al. Effectiveness of physical activity interventions for preschoolers: A meta-analysis[J]. Research Quarterly for Exercise and Sport, 2013, 84(3): 28-294.

Gubbels J S, Kremers S P, et al. Interaction between physical environment, social environment, and child characteristics in determining physical activity at child care[J]. Health Psychology, 2011, 30(1): 84-90.

Heather M Z, Matthewp N, Verena B, et al. Adult attention and interaction can increase moderate-to-vigorous physical activity in young children[J]. Journal of Applied Behavior Analysis, 2016(49): 1-11.

Kara K, Palmer, Katherine M, et al. The effect of the CHAMP intervention on fundamental motor skills and outdoor physical activity in preschoolers[J]. Journal of Sport and Health Science, 2019(8): 98-105.

Karenl T, Rachel A J, Anthony D O. Correlates of children's objectively measured physical activity and sedentary behavior in early childhood education and care services: A systematic review[J]. Preventive Medicine, 2016(89): 129-139.

Mckenzie TL, Vandermars H. Top 10 research questions related to assessing physical activity and its contexts using systematic observation[J]. Research Quarterly for Exercise and Sport, 2015, 86(1): 13-29.

Pagels P, Raustorp A, Deleon A P, et al. A repeated measurement study investigating the impact of school outdoor environment upon physical activity across ages and seasons in Swedish second, fifth and eighth graders[J]. BMC Public Health, 2014(14): 803-811.

Pate R R, Mclver K, et al. Directly observed physical activity levels in preschool children[J]. Journal of School Health, 2008, 78(8): 438-444.

Reilly J J. Low levels of objectively measured physical activity in preschoolers in child care[J]. Medicine and Science in Sports and Exercise, 2010, 42(3): 502- 507.

Southard D. Mass and velocity: Control parameters for throwing patterns[J]. Research Quarterly for Exercise and Sport, 1998(4): 355-367.

Tandon, P S, Saelens B E, Christakis D A. Active play opportunities at child care[J]. Pediatrics, 2015, 13(6): 1425-1431.

Timmons B W, Leblanc A G, Carson V, et al. Systematic review of physical activity and health in the early years (aged 0—4 years) [J]. Applied Physiology, Nutrion and Metabolism, 2012, 37(4): 773-792.

Trost S G, Ward D S, Senso M. Effects of child care policy and environment on physical activity[J]. Medicine and Science in Sports and Exercise, 2010, 42(3): 520-525.

William A C. We Are Friends, Right?: Inside Kids'Culture [M]. Washington: Joseph Henry Press, 2003.

William H B, Karina P, Kerryl M, et al. Assessing preschool children's physical activity: The observational system for recording physical activity in children-preschool version[J]. Research Quarterly for Exercise and Sport, 2006, 77(2): 167-176.

William H B, Skarin A P, Kerry L M, et al. Social and environmental factors associated with preschoolers'nonsedentary physical activity[J]. Child Development, 2009, 80(1): 45-58.

陈晓红, 李召存. 马赛克方法：实现儿童参与研究的好方法 [J]. 幼儿教育, 2015(18): 33-37.

陈雪花. 幼儿自主游戏, 教师理性支持：我园开展户外自主游戏的探究 [J]. 学苑教育, 2015(18): 10-11.

方慧, 全明辉, 周悦, 等. 儿童体力活动变化趋势特征及其对体适能影响的研究 [J]. 体育科学, 2018(6): 44-52.

洪茯园. 上海市部分中学生体力活动和静态生活现状调查及影响因素的研究 [D]. 上海：上海体育学院, 2010.

侯涛. 从发展的角度探析儿童娱乐产品设计 [D]. 北京：北京理工大学, 2014.

黄意蓉. 幼儿体育活动强度评价量表的设计与应用 [D]. 北京：北京体育大学, 2013.

李季湄 , 冯晓霞 .《3—6 岁儿童学习与发展指南》解读 [M]. 北京 : 人民教育出版社 , 2013.

李佳斌 . 3—6 岁儿童投掷动作发展及其影响因素探究 [D]. 金华 : 浙江师范大学 , 2015.

林兰 , 金香君 . 学前儿童同伴文化生成路径的民族志探究 [J]. 学前教育研究 , 2022(4): 28-46.

刘胜军 . 幼儿立定跳远动作发展特征及目标物引导对其影响 [D]. 北京 : 北京体育大学 , 2016.

刘宇 . 儿童如何成为研究参与者 : "马赛克方法" 及其理论意蕴 [J]. 全球教育展望 , 2014, 43(9): 68-75.

麦少美 , 孙树珍 . 学前儿童健康教育活动指导 [M]. 上海 : 复旦大学出版社 , 2005.

皮亚杰 . 儿童的心理发展 [M]. 傅统先 , 译 . 山东 : 山东教育出版社 , 1982.

汪颖赫 . 幼儿园户外空间环境设计研究 [D]. 哈尔滨 : 东北林业大学 , 2011.

王磊 , 司虎克 , 张业安 , 等 . 国外关于体育空间和设施特征与少年儿童体育活动关系研究进展 [J]. 体育学刊 , 2016(1): 80-86.

王荣 . 儿童的想象活动及其想象力的培养探析 [J]. 教师 . 2010(32):121-122.

王心永 . 合肥市幼儿生长发育现状研究 [D]. 北京 : 北京体育大学 , 2009.

熊茂湘 . 体育环境导论 [M]. 北京 : 北京体育大学出版社 , 2003(5): 98.

杨枫 . 幼儿园教育环境创设与玩教具制作 [M]. 北京 : 高等教育出版社 , 2006.

姚蕾 . 体育教学环境的构成要素、功能与设计 [J]. 北京体育大学学报 , 2003(5): 649-651.

余维君 . 徽派建筑的艺术特色与审美评价 [J]. 池州学院学报 , 2018, 32(5): 112-114.

袁一丹 . 浅析体育运动锻炼对学龄前儿童心理发展的重要性 [J]. 运动 , 2011(10): 7-8.

张健 , 孙辉 , 张建华 , 等 . 国际儿童青少年身体活动研究的学科特征、动态演进与前沿热点解析 [J]. 体育科学 , 2018(12): 77-78.

张莉，李春良．从儿童视角看幼儿喜欢的游戏——以大班幼儿绘画作品调查为例 [J]. 福建教育，2015(46): 29-31.

赵广高，王茹，全明辉，等．体力活动对学龄前儿童身体生长的影响 [J]. 上海体育学院学报，2017(4): 65-69.

赵伟，张莹．体育游戏背景下音乐速度对 4—5 岁幼儿体力活动水平的影响 [J]. 中国体育科技，2018(1): 39-48.

赵文华，丛琳．体力活动划分：不同类型体力活动的代谢当量及体力活动的分级 [J]. 卫生研究，2004, 33(2): 246-249.

赵一品．我们喜欢什么样的区域游戏：来自幼儿观点的调查研究 [D]. 南京：南京师范大学，2014.

周祥佳．儿童视角下幼儿园户外活动特征研究 [D]. 大连：辽宁师范大学，2020.

朱若华．幼儿园活动区器材投放方式与儿童行为的研究 [D]. 上海，华东师范大学，2005.